Asha Sohal

Networking Nexus: Fundamentos e Inovações em Conectividade de Computadores

Asha Sohal

Networking Nexus: Fundamentos e Inovações em Conectividade de Computadores

ScienciaScripts

Cover image: www.ingimage.com

This book is a translation from the original published under ISBN 978-620-7-81099-4.

Publisher:
Sciencia Scripts
is a trademark of
Dodo Books Indian Ocean Ltd. and OmniScriptum S.R.L publishing group

120 High Road, East Finchley, London, N2 9ED, United Kingdom
Str. Armeneasca 28/1, office 1, Chisinau MD-2012, Republic of Moldova, Europe
Printed at: see last page
ISBN: 978-620-7-89737-7

"Networking Nexus: Fundamentos e inovações em conetividade informática"

Índice

Resumo

"Networking Nexus: Foundations & Innovations in Computer Connectivity" fornece uma exploração abrangente das redes de computadores, combinando princípios fundamentais com os mais recentes avanços neste domínio. Este livro foi concebido para servir como um guia introdutório para os recém-chegados e como uma referência pormenorizada para os profissionais experientes.

A jornada começa com uma visão geral dos conceitos básicos de rede, incluindo a evolução das redes, terminologias essenciais e o significado de vários modelos e protocolos de rede. Os leitores compreenderão as diferentes arquitecturas de rede, como LANs, WANs e redes sem fios, juntamente com as topologias e tecnologias que as definem.

Aprofundando a mecânica da transmissão de dados, o livro abrange meios guiados e não guiados, destacando as suas aplicações e diferenças. Discussões detalhadas sobre as camadas de rede e de transporte fornecem informações sobre endereçamento IP, encaminhamento, comutação e protocolos como TCP e UDP.

A segurança é um foco crítico, com capítulos dedicados a ameaças, vulnerabilidades e mecanismos de proteção, incluindo firewalls e sistemas de deteção de intrusão. O livro também enfatiza a gestão de redes e a resolução de problemas, oferecendo ferramentas e técnicas práticas para manter o desempenho ideal da rede.

Reconhecendo o ritmo acelerado dos avanços tecnológicos, "Networking Nexus" explora tópicos de vanguarda, como as redes definidas por software (SDN), a Internet das coisas (IoT) e os potenciais impactos das redes quânticas e da IA. Estas secções fornecem uma perspetiva de futuro, preparando os leitores para futuros desenvolvimentos neste domínio.

Completo com um glossário, referências e um índice completo, este livro é um recurso indispensável para qualquer pessoa que pretenda aprofundar os seus conhecimentos sobre redes informáticas e manter-se a par das tendências e inovações emergentes.

Capítulo 1: Introdução ao trabalho em rede

1.1 A evolução do trabalho em rede

As redes informáticas sofreram uma enorme transformação desde a sua criação. Aqui, traçamos a sua evolução através de marcos importantes:

1. **Início da atividade: Redes de telégrafo e telefone**
   - O telégrafo (anos 1830-1840) permitiu a primeira forma de comunicação eletrónica a longa distância.
   - A invenção do telefone por Alexander Graham Bell em 1876 revolucionou a comunicação de voz em tempo real.
2. **Nascimento da Internet: ARPANET**
   - Na década de 1960, o Departamento de Defesa dos EUA financiou a ARPANET, um projeto para ligar vários computadores, permitindo a partilha de recursos e a comunicação.
   - A primeira mensagem foi enviada através da ARPANET em 1969, marcando o início da Internet moderna.
3. **A guerra dos protocolos e o TCP/IP**
   - As décadas de 1970 e 1980 assistiram ao desenvolvimento de vários protocolos de rede. O TCP/IP emergiu como o conjunto de protocolos dominante, fornecendo uma estrutura robusta e escalável.
   - Em 1983, a ARPANET adoptou o TCP/IP, que acabou por se tornar a norma para a Internet.
4. **A comercialização e a World Wide Web**
   - Na década de 1990, a Internet expandiu-se para além da utilização académica e militar, impulsionada por interesses comerciais.
   - A invenção da World Wide Web por Tim Berners-Lee em 1989 e o desenvolvimento do primeiro navegador da Web, o Mosaic, em 1993,

popularizaram a utilização da Internet.

5. **Banda larga e conetividade sem fios**
   - No início da década de 2000, assistiu-se à proliferação de ligações de banda larga, proporcionando um acesso mais rápido à Internet.
   - As redes Wi-Fi e móveis (3G, 4G e 5G) permitiram o acesso sem fios à Internet, aumentando ainda mais a conetividade.
6. **Era moderna: Computação em nuvem e IoT**
   - Surgiu a computação em nuvem, que oferece recursos de computação escaláveis e a pedido.
   - A Internet das Coisas (IoT) ligou objectos do quotidiano à Internet, permitindo ambientes inteligentes e automação.

1.2 Importância das redes informáticas

As redes informáticas desempenham um papel vital na sociedade moderna, com impacto em vários domínios:

1. **Comunicação**
   - As redes facilitam a comunicação instantânea através de correio eletrónico, aplicações de mensagens e videoconferência, ligando as pessoas a nível mundial.
2. **Partilha de recursos**
   - As redes permitem a partilha de recursos de hardware (por exemplo, impressoras, armazenamento) e de software (por exemplo, bases de dados, aplicações), melhorando a eficiência e reduzindo os custos.
3. **Intercâmbio de dados e informações**
   - As redes permitem o rápido intercâmbio de dados e informações, apoiando a colaboração e a tomada de decisões em tempo real.

4. **Operações comerciais**
   - As empresas dependem das redes para as operações diárias, incluindo vendas, serviço ao cliente, gestão da cadeia de fornecimento e trabalho remoto.
5. **Ensino e investigação**
   - As instituições de ensino utilizam as redes para aprendizagem em linha, colaboração na investigação e acesso a bibliotecas e recursos digitais.
6. **Entretenimento**
   - As redes fornecem acesso a serviços de streaming, jogos em linha, redes sociais e outras formas de entretenimento digital.
7. **Infra-estruturas críticas**
   - As redes sustentam infra-estruturas críticas como a banca, os cuidados de saúde, a energia e os transportes, assegurando o seu bom funcionamento e a prestação de serviços.
8. **Inovação e desenvolvimento**
   - As redes impulsionam a inovação tecnológica, permitindo avanços em domínios como a IA, a aprendizagem automática e a análise de grandes volumes de dados.

1.3 Principais terminologias e conceitos

A compreensão do funcionamento em rede requer familiaridade com terminologias e conceitos essenciais:

1. **Nós e hosts**
   - Um **nó** é qualquer dispositivo ligado a uma rede, como um computador, uma impressora ou um router.
   - Um **anfitrião** refere-se especificamente a um computador ou dispositivo que fornece serviços ou recursos numa rede.

2. **Placa de interface de rede (NIC)**
   - o Uma placa de rede é um componente de hardware que liga um computador a uma rede, permitindo a comunicação.
3. **Protocolo**
   - o Um protocolo é um conjunto de regras que regem a comunicação de dados entre dispositivos de rede. Os exemplos incluem HTTP, FTP e SMTP.
4. **Endereço IP**
   - o Um endereço IP é um identificador único para um dispositivo numa rede, permitindo-lhe comunicar com outros dispositivos. Existem duas versões: IPv4 e IPv6.
5. **Endereço MAC**

   Um endereço MAC (Media Access Control) é um identificador único atribuído a uma placa de interface de rede, utilizado para comunicação numa rede local.
6. **Router**
   - o Um router é um dispositivo que encaminha pacotes de dados entre redes, determinando o melhor caminho para a transmissão de dados.
7. **Interruptor**
   - o Um comutador é um dispositivo que liga dispositivos numa rede local, utilizando endereços MAC para encaminhar os dados para o destino correto.
8. **Sub-rede**
   - o Uma sub-rede é uma parte segmentada de uma rede maior, permitindo uma gestão eficiente dos endereços IP e melhorando a segurança e o desempenho da rede.

9. **DNS (Sistema de Nomes de Domínio)**

   - O DNS traduz nomes de domínio legíveis por humanos (por exemplo, www.example.com) em endereços IP, permitindo que os utilizadores acedam a sítios Web utilizando nomes fáceis de memorizar.

10. **Firewall**

   - Uma firewall é um dispositivo de segurança que monitoriza e controla o tráfego de entrada e saída da rede com base em regras de segurança pré-determinadas.

11. **Largura de banda**

   - A largura de banda refere-se à taxa máxima de transferência de dados de uma rede ou ligação à Internet, normalmente medida em bits por segundo (bps).

12. **Latência**

   - A latência é o tempo que os dados demoram a viajar desde a origem até ao destino, afectando a velocidade e a capacidade de resposta de uma rede.

13. **Pacote**

   Um pacote é uma pequena unidade de dados transmitida através de uma rede, contendo tanto a carga útil (dados) como a informação de controlo (cabeçalhos).

14. **Topologia**

   - A topologia descreve a disposição física ou lógica de uma rede, como a topologia em estrela, em anel, em barramento ou em malha.

15. **VPN (Rede Privada Virtual)**

   - Uma VPN cria uma ligação segura e encriptada através de uma rede menos segura (por exemplo, a Internet), proporcionando privacidade e anonimato.

Estes conceitos fundamentais fornecem a base para a compreensão de tópicos e tecnologias de rede mais complexos.

Capítulo 2: Modelos e protocolos de rede

2.1 Modelo OSI

O modelo OSI (Open Systems Interconnection) é um quadro concetual utilizado para compreender e implementar redes de computadores. Divide o processo de comunicação em rede em sete camadas distintas, cada uma com funções e protocolos específicos.

1. **Camada 1: Camada física**
   - **Função**: Define o meio físico de transmissão de bits brutos através de uma ligação física de dados.
   - **Componentes**: Cabos, comutadores, hubs, repetidores.
   - **Protocolos**: Ethernet (aspectos físicos), USB, Bluetooth.
2. **Camada 2: Camada de ligação de dados**
   - **Função**: Fornece transferência de dados nó a nó, deteção e correção de erros e controlo de fluxo.
   - **Subcamadas**: Controlo de ligação lógica (LLC) e Controlo de acesso aos meios (MAC).
   - **Protocolos**: Ethernet (aspectos da ligação de dados), PPP (Protocolo Ponto-a-Ponto), HDLC.
3. **Camada 3: Camada de rede**
   - **Função**: Trata do encaminhamento de pacotes de dados através de múltiplas redes, endereçamento lógico e determinação de caminhos.
   - **Componentes**: Routers.
   - **Protocolos**: IP (Internet Protocol), ICMP (Internet Control Message Protocol), IGMP (Internet Group Management Protocol).
4. **Camada 4: Camada de transporte**
   - **Função**: Assegura a transferência completa de dados com recuperação de

erros e controlo de fluxo.

- **Componentes**: Hosts.
- **Protocolos**: TCP (Transmission Control Protocol), UDP (User Datagram) (Stream Control Transmission Protocol), SCTP (Stream Control Transmission Protocol).

5. **Camada 5: Camada de sessão**
   - **Função**: Gere sessões e controla diálogos entre computadores. Estabelece, mantém e termina ligações.
   - **Protocolos**: NetBIOS, RPC (Chamada de Procedimento Remoto).
6. **Camada 6: Camada de apresentação**
   - **Função**: Traduz dados entre a camada de aplicação e a rede. Trata da encriptação, compressão e tradução de dados.
   - **Protocolos**: SSL/TLS (para encriptação), MIME (Multipurpose Internet Mail
     Extensões).
7. **Camada 7: Camada de aplicação**
   - **Função**: Fornece serviços de rede diretamente às aplicações. Interfaces com aplicações de software para implementar um componente de comunicação.
   - **Protocolos**: HTTP, FTP, SMTP, DNS, SNMP.

2.2 Modelo TCP/IP

O modelo TCP/IP (Transmission Control Protocol/Internet Protocol) é um quadro mais prático e amplamente utilizado, que reflecte a arquitetura real da Internet. É composto por quatro camadas:

1. **Camada 1: Camada de interface de rede (camada de ligação)**
   - **Função**: Corresponde às camadas física e de ligação de dados do modelo OSI. Trata do endereçamento de hardware e da transmissão física de dados.
   - **Protocolos**: Ethernet, Wi-Fi, ARP (Protocolo de Resolução de Endereços).
2. **Camada 2: Camada da Internet**
   - **Função**: Semelhante à camada de rede OSI. Gere o endereçamento lógico e o encaminhamento dos pacotes de dados.
   - **Protocolos**: IP (tanto IPv4 como IPv6), ICMP, IGMP.
3. **Camada 3: Camada de transporte**
   - **Função**: Alinha-se com a camada de transporte OSI. Assegura que os dados são entregues sem erros e em sequência.
   - **Protocolos**: TCP, UDP.
4. **Camada 4: Camada de aplicação**
   - **Função**: Combina as camadas de aplicação, apresentação e sessão do modelo OSI. Fornece funções de rede específicas da aplicação.
   - **Protocolos**: HTTP, FTP, SMTP, DNS, DHCP, Telnet.

2.3 Protocolos e normas

Os protocolos são conjuntos de regras que regem o intercâmbio de dados através de uma rede. As normas garantem a interoperabilidade entre diferentes dispositivos e tecnologias. Eis alguns dos principais protocolos e normas:

1. **HTTP (Protocolo de transferência de hipertexto)**
   - **Função**: Regula a transferência de páginas Web na World Wide Web.
   - **Versões**: HTTP/1.1, HTTP/2 e o mais recente HTTP/3.

2. **HTTPS (HTTP seguro)**

   - **Função**: Fornece comunicação segura e encriptada sobre HTTP usando SSL/TLS.

   - **Utilização**: Utilizado para transacções seguras na Web, tais como operações bancárias em linha e compras.

3. **FTP (Protocolo de Transferência de Ficheiros)**

   - **Função**: Transfere ficheiros entre um cliente e um servidor através de uma rede.

   - **Segurança**: O FTPS (FTP Secure) e o SFTP (SSH File Transfer Protocol) oferecem transferências de ficheiros encriptadas.

4. **SMTP (Simple Mail Transfer Protocol)**

   - **Função**: Controla o envio de mensagens de correio eletrónico.

   - **Extensões**: SMTP-AUTH (para autenticação), STARTTLS (para encriptação).

5. **DNS (Sistema de Nomes de Domínio)**

   - **Função**: Traduz os nomes de domínio em endereços IP, permitindo que os utilizadores acedam a sítios Web utilizando nomes fáceis de memorizar.

   - **Segurança**: O DNSSEC (Extensões de Segurança DNS) acrescenta uma camada de segurança ao DNS.

6. **DHCP (Protocolo de Configuração Dinâmica de Anfitrião)**

   - **Função**: Atribui automaticamente endereços IP a dispositivos numa rede.

   - **Processo**: DHCP Descobrir, Oferecer, Pedir, Confirmar.

7. **SNMP (Simple Network Management Protocol)**

   - **Função**: Gere e monitoriza os dispositivos de rede.

   - **Versões**: SNMPv1, SNMPv2, SNMPv3 (com características de segurança melhoradas).

8. **Telnet e SSH (Secure Shell)**

   - **Função**: Fornecer acesso remoto de linha de comando a dispositivos de rede.

   - **Segurança**: A Telnet transmite dados em texto simples, enquanto o SSH utiliza encriptação para comunicação segura.

9. **Normas IEEE 802**

   - **Função**: Um conjunto de normas de rede do IEEE, incluindo Ethernet (802.3) e Wi-Fi (802.11).

   - **Impacto**: Garantir a compatibilidade e o desempenho em LAN e WLAN tecnologias.

10. **IP (Protocolo Internet)**

    - **Versões**: IPv4 (espaço de endereço de 32 bits), IPv6 (espaço de endereço de 128 bits).

    - **Funções**: Endereçamento, encaminhamento, fragmentação e remontagem de pacotes.

11. **TCP (Protocolo de Controlo de Transmissão)**

    - **Função**: Proporciona uma transmissão de dados fiável e orientada para a ligação com erros verificação e controlo do fluxo.

    - **Componentes**: Aperto de mão de três vias (SYN, SYN-ACK, ACK), sequência números, agradecimentos.

12. **UDP (Protocolo de datagrama do utilizador)**

   o **Função**: Fornece dados sem conexão, de baixa latência e tolerantes a perdas transmissão.

   o **Utilização**: Adequado para aplicações como streaming de vídeo e jogos online.

13. **SSL/TLS (Secure Sockets Layer/Transport Layer Security)**

   o **Função**: Encripta os dados entre o cliente e o servidor, garantindo a segurança comunicação.

   o **Versões**: TLS 1.0, 1.1, 1.2, 1.3 (mais recente e mais seguro).

Compreender estes modelos, protocolos e normas é fundamental para compreender o funcionamento das redes informáticas, garantindo que os dados são transmitidos de forma eficiente, segura e fiável através de diferentes dispositivos e redes.

Capítulo 3: Topologias de rede

3.1 Topologias físicas vs. lógicas

1. **Topologia física**
   - **Definição**: A disposição física real dos dispositivos (nós) e cabos (ligações) numa rede.
   - **Foco**: Como os dispositivos estão fisicamente ligados, incluindo a disposição dos cabos e do hardware.
   - **Exemplos**: Topologias em estrela, em barramento, em anel e em malha.
   - **Significado**: Impacta a instalação, manutenção e escalabilidade.
2. **Topologia lógica**
   - **Definição:** A disposição concetual dos dispositivos de rede e o fluxo de dados dentro da rede, independentemente da disposição física.
   - **Foco**: O caminho que os dados percorrem à medida que se deslocam através da rede, incluindo o endereçamento e o encaminhamento.
   - **Exemplos**: Estrela lógica, barramento lógico, anel lógico.
   - **Importância**: Influencia o desempenho da rede, a utilização de protocolos e os dados

     gestão.

3.2 Topologias de rede detalhadas

1. **Topologia em estrela**
   - **Topologia física em estrela**
     - **Disposição**: Todos os dispositivos (nós) estão ligados a um hub ou switch central.

- **Vantagens**:
    - Fácil de instalar e gerir.
    - Isolamento dos dispositivos: a falha de um dispositivo não afecta o resto da rede.
    - Simplifica a resolução de problemas e a gestão da rede.
- **Desvantagens**:
    - Ponto central de falha: se o hub/switch falhar, toda a rede fica em baixo.
    - Requer mais cabos do que algumas outras topologias, o que pode aumentar os custos.
- **Casos de utilização**: Comum em redes domésticas e de escritório devido à sua simplicidade e fiabilidade.

o **Topologia lógica em estrela**

- **Fluxo de dados**: Mesmo que a disposição física não seja uma estrela, os dados fluem através de um nó central ou de um comutador.
- **Implementação**: Frequentemente observada em redes sem fios em que vários dispositivos se ligam a um ponto de acesso sem fios central.

2. **Topologia em anel**

o **Topologia física de anel**

- **Disposição**: Cada dispositivo está ligado a exatamente dois outros dispositivos, formando um caminho circular para os sinais.

- **Vantagens**:
  - Os pacotes de dados viajam numa direção (ou em ambas numa configuração de anel duplo), reduzindo a possibilidade de colisões de pacotes.
  - Tempos de transferência de dados previsíveis.
- **Desvantagens**:
  - A falha de um único dispositivo ou ligação pode afetar toda a rede.
  - Mais difícil de instalar e reconfigurar.
- **Casos de utilização**: Historicamente utilizado em algumas configurações de LAN e em certos tipos de MAN (Metropolitan Area Networks).

o **Topologia de anel lógico**

- **Fluxo de dados**: Os dados circulam num anel lógico, mesmo que as ligações físicas sejam diferentes.
- **Implementação**: Redes Token Ring em que um token circula para controlar o acesso.

3. **Topologia de barramento**

o **Topologia de barramento físico**

- **Disposição**: Todos os dispositivos estão ligados a um único cabo central, conhecido como bus ou backbone.
- **Vantagens**:
  - Instalação simples e económica.
  - Requer menos cabos do que a topologia em estrela.

- **Desvantagens**:
  - Comprimento de cabo e número de dispositivos limitados.
  - O desempenho degrada-se com mais dispositivos e tráfego de rede intenso.
  - Dificuldade em resolver problemas e isolar falhas.
- **Casos de utilização**: Redes Ethernet mais antigas e configurações LAN iniciais.

o **Topologia de barramento lógico**

- **Fluxo de dados**: Os dados fluem através de um meio partilhado ou de uma espinha dorsal, mesmo que a disposição física não seja uma linha reta.
- **Implementação**: Redes Ethernet que utilizam cabos coaxiais e um único domínio de colisão.

4. **Topologia de malha**

o **Topologia de malha completa**

- **Disposição**: Cada dispositivo está ligado a todos os outros dispositivos da rede.
- **Vantagens**:
  - Elevada redundância e fiabilidade: múltiplos caminhos para os dados viajarem.
  - A rede pode suportar cargas de tráfego elevadas e falhas de ligações ou dispositivos individuais.
- **Desvantagens**:
  - Instalação e manutenção muito dispendiosas e complexas devido ao número de ligações necessárias.

- **Casos de utilização**: Aplicações críticas em que a elevada disponibilidade e fiabilidade são essenciais, como em redes militares ou sistemas de comunicação avançados.

- **Topologia de malha parcial**
  - **Disposição**: Apenas alguns dispositivos estão totalmente interligados, enquanto outros estão ligados apenas a alguns dispositivos.
  - **Vantagens**:
    - Equilíbrio entre custo e redundância.
    - Mais flexível e escalável do que a rede completa.
  - **Desvantagens**:
    - Menos redundância do que a malha completa, mas ainda assim mais do que as topologias em estrela ou em barramento.
  - **Casos de utilização**: WANs (Wide Area Networks) e redes de backbone em que uma combinação de ligações directas e indirectas é ideal.

3.3 Resumo comparativo

- **Topologia em estrela**
  - **Disposição física**: Hub central ou switch.
  - **Prós**: Fácil gestão, isolamento de falhas.
  - **Contras**: Ponto central de falha, custos de cablagem mais elevados.
  - **Casos de utilização**: Redes domésticas e de escritório.
- **Topologia em anel**
  - **Disposição física**: Ligações circulares.

- **Prós**: Transferência de dados previsível.
- **Contras**: Ponto único de falha, reconfiguração complexa.
- **Casos de utilização**: MANs, configurações LAN históricas.

- **Topologia de barramento**
  - **Disposição física**: Cabo central único.
  - **Prós**: Simples, de baixo custo.
  - **Contras**: Problemas de desempenho, dificuldades de isolamento de falhas.
  - **Casos de uso**: Redes Ethernet mais antigas.
- **Topologia de malha**
  - **Disposição física**: Dispositivos interligados.
  - **Prós**: Elevada fiabilidade, redundância.
  - **Contras**: Custo elevado, complexidade.
  - **Casos de utilização**: Aplicações críticas, sistemas de comunicação avançados.

A compreensão destas topologias é crucial para a conceção de redes eficientes, escaláveis e fiáveis, adaptadas a necessidades e restrições específicas.

Capítulo 4: Redes locais (LANs)

4.1 Ethernet e normas IEEE

Visão geral da Ethernet

- **Definição**: A Ethernet é a tecnologia LAN mais utilizada, fornecendo a base para a comunicação em rede em residências, escritórios e empresas.
- **Origem**: Desenvolvido pela Xerox PARC na década de 1970, padronizado pelo IEEE como IEEE 802.3.

Normas Ethernet

1. **Ethernet (10 Mbps)**
   - **Norma**: IEEE 802.3
   - **Meios**: Cabo coaxial (10Base2, 10Base5), par entrançado (10Base-T).
2. **Fast Ethernet (100 Mbps)**
   - **Norma**: IEEE 802.3u
   - **Meios**: Par trançado (100Base-TX), fibra ótica (100Base-FX).
3. **Gigabit Ethernet (1 Gbps)**
   - **Padrão**: IEEE 802.3ab (par trançado), IEEE 802.3z (fibra ótica).
   - **Meios**: Par entrançado (1000Base-T), fibra ótica (1000Base-SX/LX).
4. **10 Gigabit Ethernet (10 Gbps)**
   - **Norma**: IEEE 802.3ae
   - **Meios**: Fibra ótica (10GBase-SR/LR/ER), par entrançado (10GBase-T).
5. **40/100 Gigabit Ethernet**
   - **Norma**: IEEE 802.3ba
   - **Meios**: Fibra ótica (40GBase-SR4/LR4, 100GBase-SR10/LR4).

Normas IEEE

- **IEEE 802.3**: Define os padrões Ethernet, incluindo tipos de mídia, velocidade e protocolos.
- **IEEE 802.1**: Define padrões para gerenciamento de rede, segurança e bridging (por exemplo, VLANs, STP).
- **IEEE 802.11**: Define normas para LANs sem fios (Wi-Fi).

Estrutura do quadro Ethernet

- **Preâmbulo**: 7 bytes para sincronização.
- **Delimitador de início de quadro (SFD)**: 1 byte que indica o início do quadro.
- **Endereço MAC de destino**: 6 bytes que identificam o destinatário.
- **Endereço MAC de origem**: 6 bytes que identificam o remetente.
- **EtherTypeZLength**: 2 bytes que indicam o tipo de protocolo ou o comprimento do quadro.
- **Carga útil**: Dados até 1500 bytes.
- **Sequência de verificação de fotogramas (FCS)**: 4 bytes para controlo de erros.

4.2 Hardware e software de LAN

Hardware de LAN

1. **Placa de interface de rede (NIC)**
   - **Função**: Liga um computador a uma rede.
   - **Tipos**: Com fios (placa de rede Ethernet), sem fios (placa de rede Wi-Fi).
2. **Interruptores**
   - **Função**: Liga vários dispositivos numa LAN e encaminha dados com base em endereços MAC.
   - **Tipos**: Switches não geridos (simples, plug-and-play), switches geridos

(configuráveis, suportam VLANs, QoS).

3. **Routers**

   o **Função**: Liga diferentes redes e encaminha dados com base em endereços IP.

   o **Características**: NAT (Network Address Translation), servidor DHCP, firewall.

4. **Pontos de acesso (APs)**

   o **Função**: Fornece conetividade sem fios a dispositivos numa LAN.

   o **Tipos**: APs autónomos, APs baseados em controladores.

5. **Cabos**

   o **Tipos**: Par trançado (Cat5e, Cat6, Cat6a), fibra ótica (monomodo, multimodo), coaxial.

6. **Modems**

   o **Função**: Modula e desmodula sinais para conetividade com a Internet através de linhas telefónicas, cabo ou fibra.

7. **Firewalls**

   o **Função**: Monitoriza e controla o tráfego de entrada e saída da rede com base sobre regras de segurança.

   o **Tipos**: Firewalls de hardware, firewalls de software.

8. **Armazenamento em rede**

   o **NAS (Network Attached Storage)**: Dispositivo dedicado de armazenamento de ficheiros ligado a uma rede.

   o **SAN (Storage Area Network)**: Rede de alta velocidade que permite o acesso ao armazenamento a nível de blocos.

Software LAN

1. **Sistemas operativos**
   - **Suporte de rede**: Os sistemas operativos modernos (Windows, macOS, Linux) incluem capacidades de rede incorporadas para conetividade LAN.
2. **Software de gestão de redes**
   - **Função**: Monitoriza e gere o desempenho, a configuração e a segurança da rede.
   - **Exemplos**: SolarWinds, PRTG Network Monitor, Wireshark.
3. **Software de segurança**
   - **Função**: Protege contra malware, acesso não autorizado e violações de dados.
   - **Exemplos**: Programas antivírus, sistemas de deteção/prevenção de intrusões (IDS/IPS).
4. **Software de LAN virtual (VLAN)**
   - **Função**: Segmenta uma rede física em várias redes lógicas para uma melhor gestão e segurança.
   - **Implementação**: Comutadores e routers geridos.
5. **DHCP (Protocolo de Configuração Dinâmica de Anfitrião)**
   - **Função**: Atribui automaticamente endereços IP a dispositivos numa rede.
   - **Configuração**: Pode ser configurado em routers ou servidores DHCP dedicados.
6. **DNS (Sistema de Nomes de Domínio)**
   - **Função**: Resolve nomes de domínio para endereços IP.
   - **Configuração**: Servidores DNS, tanto internos (dentro da LAN) como

externos (DNS público).

7. **Software de partilha de ficheiros**
   - **Função**: Permite que vários utilizadores acedam e partilhem ficheiros dentro de uma LAN.
   - **Exemplos**: SMB/CIFS (Windows), AFP (macOS), NFS (Linux).
8. **Software de acesso remoto**
   - **Função**: Permite que os utilizadores acedam remotamente aos recursos e dispositivos da rede.
   - **Exemplos**: VPN (Virtual Private Network), Protocolo de Ambiente de Trabalho Remoto (RDP), SSH (Secure Shell).

A implementação e gestão de uma LAN envolve uma combinação de ferramentas de hardware e software para garantir uma comunicação e troca de dados eficientes, seguras e fiáveis. Ao compreender as normas Ethernet, utilizando os componentes de hardware correctos e tirando partido das soluções de software adequadas, os administradores de rede podem criar redes locais robustas, adequadas às suas necessidades específicas.

Capítulo 5: Redes de área alargada (WANs)

5.1 Tecnologias e protocolos de WAN

Descrição geral As WANs (Wide Area Networks) ligam várias LANs ao longo de grandes distâncias geográficas, permitindo a comunicação de dados entre diferentes locais, cidades ou mesmo países. Ao contrário das LANs, as WANs dependem normalmente de circuitos de telecomunicações alugados.

Principais tecnologias de WAN

1. **Linhas alugadas**
   - **Definição**: Circuitos dedicados e privados alugados a um fornecedor de telecomunicações.
   - **Utilização**: Ligações permanentes ponto-a-ponto.
   - **Velocidade**: Varia de T1 (1,544 Mbps) a T3 (45 Mbps) e superior.
   - **Vantagens**: Largura de banda fiável, segura e consistente.
   - **Desvantagens**: Custo elevado e flexibilidade limitada.
2. **Transmissão de quadros**
   - **Definição**: Uma tecnologia de comutação de pacotes para ligar dispositivos através de uma WAN.
   - **Funcionamento**: Usa circuitos virtuais (VCs) para comunicação.
   - **Velocidade**: Normalmente, varia entre 56 Kbps e 45 Mbps.
   - **Vantagens**: Económica para débitos de dados variáveis e tráfego intermitente.
   - **Desvantagens**: Menos prevalecente com o advento de tecnologias mais avançadas.

3. **Modo de transferência assíncrono (ATM)**
    - **Definição**: Norma de rede de alta velocidade concebida para a transmissão de dados em tempo real.
    - **Funcionamento**: Utiliza células de tamanho fixo (53 bytes) para a transferência de dados.
    - **Velocidade**: Pode variar de 1,5 Mbps a 622 Mbps.
    - **Vantagens**: Adequado tanto para dados como para voz/vídeo em tempo real.
    - **Desvantagens**: Complexidade e custo mais elevado.
4. **DSL (Digital Subscriber Line)**
    - **Definição**: Tecnologia de acesso em banda larga que utiliza as linhas telefónicas existentes.
    - **Tipos**: ADSL (Asymmetric DSL), SDSL (Symmetric DSL), VDSL (Very High Bit-rate DSL).
    - **Velocidade**: ADSL (até 24 Mbps a jusante, 3,3 Mbps a montante); VDSL (até 100 Mbps).
    - **Vantagens**: Amplamente disponível, económico para pequenas empresas e residências.
    - **Desvantagens**: O desempenho diminui com a distância do escritório central do provedor de serviços.
5. **Banda larga por cabo**
    - **Definição**: Acesso à Internet fornecido através da infraestrutura de televisão por cabo.
    - **Velocidade**: normalmente varia de 10 Mbps a 1 Gbps.
    - **Vantagens**: Acesso de alta velocidade, amplamente disponível em áreas

urbanas.

- **Desvantagens**: A partilha de largura de banda pode levar a congestionamentos.

6. **Fibra ótica**

- **Definição**: Transmissão de dados a alta velocidade através de sinais luminosos sobre fibra ótica.
- **Tipos**: FTTH (Fiber to the Home), FTTB (Fiber to the Building), FTTC (Fiber to the Curb).
- **Velocidade**: Pode atingir até vários Gbps.
- **Vantagens**: Largura de banda extremamente elevada, baixa latência.
- **Desvantagens**: Custo de instalação elevado, disponibilidade limitada.

7. **Satélite**

- **Definição**: Fornece conetividade em áreas remotas através de ligações por satélite.
- **Velocidade**: Varia, normalmente até 100 Mbps.
- **Vantagens**: Cobertura em zonas remotas e rurais.
- **Desvantagens**: Alta latência, desempenho dependente do clima.

8. **WAN sem fios (WWAN)**

- **Definição**: Utiliza redes celulares (3G, 4G LTE, 5G) para conetividade.
- **Velocidade**: 3G (até 2 Mbps), 4G LTE (até 1 Gbps), 5G (potencialmente vários Gbps).
- **Vantagens**: Mobilidade, cobertura alargada.
- **Desvantagens**: Desempenho variável com base na intensidade do sinal e no congestionamento da rede.

Principais protocolos de WAN

1. **Protocolo ponto-a-ponto (PPP)**
   - **Função**: Fornece um método padrão para o transporte de dados multi-protocolo através de ligações ponto-a-ponto.
   - **Características**: Autenticação (PAP, CHAP), deteção de erros, suporte multiprotocolo.
2. **Controlo de ligação de dados de alto nível (HDLC)**
   - **Função**: Protocolo da camada de ligação de dados para comunicações ponto-a-ponto e ponto-a-multiponto.
   - **Características**: Deteção de erros, controlo de fluxo.
3. **Comutação de etiquetas multiprotocolo (MPLS)**
   - **Função**: Direcciona os dados de um nó da rede para o seguinte com base num caminho curto
   etiquetas em vez de endereços de rede longos.
   - **Características**: Engenharia de tráfego, qualidade de serviço (QoS), escalabilidade.
4. **Segurança do Protocolo Internet (IPsec)**
   - **Função**: Conjunto de protocolos para garantir a segurança das comunicações IP através de
   autenticando e encriptando cada pacote IP.
   - **Características**: Confidencialidade, integridade e autenticação.

5.2 MPLS (Comutação de Etiquetas Multiprotocolo)

Descrição geral O MPLS é um protocolo de rede de telecomunicações de elevado desempenho que direcciona e transporta dados de um nó de rede para outro com etiquetas em vez de endereços de rede longos, reduzindo a complexidade das pesquisas nas tabelas de encaminhamento.

Principais características e vantagens

1. **Comutação de etiquetas**
   - **Funcionamento**: O MPLS atribui etiquetas aos pacotes, que determinam o caminho através da rede.
   - **Eficiência**: Simplifica o fluxo de dados, evitando pesquisas complexas no encaminhamento
     mesas.
2. **Engenharia de tráfego**
   - **Controlo**: Permite a otimização dos percursos de dados com base na carga atual da rede.
   - **Desempenho**: Melhora o desempenho da rede através da gestão da largura de banda e
     reduzir o congestionamento.
3. **Qualidade do serviço (QoS)**
   - **Prioridade**: Suporta várias classes de serviço, permitindo a priorização de aplicações críticas.
   - **Fiabilidade**: Assegura um desempenho consistente para o tráfego de alta prioridade.
4. **Escalabilidade**
   - **Flexibilidade**: Facilmente escalável para acomodar as crescentes exigências da rede e serviços adicionais.
   - **Integração**: Suporta vários protocolos, tornando-o versátil para diferentes arquitecturas de rede.
5. **Suporte VPN**
   - **VPNs MPLS**: Fornece um suporte robusto para serviços VPN, criando redes privadas e seguras sobre infra-estruturas partilhadas.

6. **Resiliência**
   - **Redundância**: Mecanismos incorporados para reencaminhamento rápido em caso de falhas, garantindo uma elevada disponibilidade.

Componentes do MPLS

1. **Router de Borda de Etiqueta (LER)**
   - **Função**: Adiciona (empurra) e remove (retira) rótulos de pacotes nas extremidades da rede.
2. **Router de comutação de etiquetas (LSR)**
   - **Função**: Encaminha os pacotes com base nos seus rótulos dentro da rede principal MPLS.
3. **Classe de equivalência de encaminhamento (FEC)**
   - **Definição**: Um grupo de pacotes IP encaminhados da mesma forma, pelo mesmo caminho e com o mesmo tratamento de encaminhamento.

Operação MPLS

1. **Distribuição de etiquetas**
   - **Protocolo**: As etiquetas são distribuídas utilizando o protocolo de distribuição de etiquetas (LDP) ou o protocolo de reserva de recursos - engenharia de tráfego (RSVP-TE).
2. **Encaminhamento de pacotes**
   - **Processo**: Os pacotes são encaminhados com base nas etiquetas atribuídas, seguindo caminhos pré-estabelecidos chamados Label Switched Paths (LSPs).

5.3 VPNs (Redes Privadas Virtuais)

Descrição geral Uma VPN estende uma rede privada através de uma rede pública, permitindo ligações seguras e encriptadas através da Internet ou de outras redes não fidedignas.

Tipos de VPNs

1. **Acesso remoto VPN**
   - **Função**: Permite que utilizadores individuais se liguem a uma rede privada a partir de locais remotos.
   - **Tecnologia**: Normalmente utiliza SSL/TLS para ligações seguras.
2. **VPN site a site**
   - **Função**: Liga redes inteiras umas às outras através da Internet, normalmente entre diferentes locais de escritórios.
   - **Tecnologia**: Frequentemente implementado com IPsec.

Principais protocolos VPN

1. **IPsec (Segurança do Protocolo Internet)**
   - **Função**: Protege as comunicações IP encriptando e autenticando cada pacote IP.
   - **Componentes**: AH (Authentication Header), ESP (Encapsulating Security Payload), IKE (Internet Key Exchange).
2. **SSL/TLS (Secure Sockets Layer/Transport Layer Security)**
   - **Função**: Encripta os dados entre o cliente e o servidor, sendo frequentemente utilizado para VPNs de acesso remoto seguro.
   - **Vantagens**: Fácil de implementar, funciona através da maioria das firewalls.
3. **L2TP (Layer 2 Tunneling Protocol)**
   - **Função**: Cria túneis para encapsulamento de dados.
   - **Utilização**: Muitas vezes combinado com o IPsec para aumentar a segurança (L2TP/IPsec).

4. **OpenVPN**

   - **Função**: Um protocolo VPN de código aberto que utiliza SSL/TLS para troca de chaves.
   - **Vantagens**: Altamente configurável, suporta uma vasta gama de métodos de encriptação.

5. **PPTP (Protocolo de túnel ponto-a-ponto)**

   - **Função**: Um protocolo VPN mais antigo que encapsula quadros PPP em pacotes IP.
   - **Vantagens**: Fácil de instalar.
   - **Desvantagens**: Considerado menos seguro em comparação com os protocolos modernos.

Características de segurança da VPN

1. **Encriptação**

   - **Função**: Protege os dados em trânsito contra espionagem e adulteração.
   - **Métodos**: Encriptação simétrica (AES), encriptação assimétrica (RSA).

2. **Autenticação**

   - **Função**: Assegura que apenas os utilizadores e dispositivos autorizados podem aceder à VPN.
   - **Métodos**: Palavras-passe, certificados digitais, autenticação multifactor (MFA).

3. **Abertura de túneis**

   - **Função**: Encapsula pacotes de dados dentro de outro pacote, protegendo o conteúdo de ponta a ponta.
   - **Tecnologias**: GRE (Encapsulamento genérico de encaminhamento), IPsec.

4. **Integridade**
    - **Função**: Assegurar que os dados não foram alterados durante o transporte.
    - **Métodos**: Algoritmos de hashing (SHA-2).

Vantagens das VPNs

1. **Segurança**
    - **Vantagem**: Protege os dados contra interceção e acesso não autorizado.
    - **Aplicação**: Essencial para comunicações e trabalho remoto seguro.
2. **Privacidade**
    - **Vantagem**: Mascara os endereços IP dos utilizadores, melhorando a privacidade e o anonimato online.
    - **Aplicação**: Útil para aceder a conteúdos com restrições geográficas e evitar a censura.
3. **Poupança de custos**
    - **Benefício**: Reduz a necessidade de linhas alugadas dispendiosas, utilizando a Internet pública.
    - **Aplicação**: Ideal para ligar vários locais de escritórios.
4. **Escalabilidade**
    - **Vantagem**: Facilmente escalável para acomodar mais utilizadores e sítios sem alterações significativas na infraestrutura.
    - **Aplicação**: Adequado para empresas em crescimento com necessidades de rede dinâmicas.

Desafios das VPNs

1. **Desempenho**
    - **Questão**: A encriptação e o encapsulamento podem introduzir latência e

reduzir a velocidade.

- **Solução**: Utilizar soluções VPN de elevado desempenho e otimizar os caminhos de rede.

2. **Complexidade**
   - **Problema**: Configurar e gerir VPNs pode ser complexo, especialmente para grandes implementações.
   - **Solução**: Utilizar serviços VPN geridos ou ferramentas de gestão de rede abrangentes.
3. **Compatibilidade**
   - **Problema**: Diferentes protocolos e configurações de VPN podem não ser compatíveis com todos os dispositivos e redes.
   - **Solução**: Assegurar a normalização e utilizar protocolos amplamente aceites.

Ao compreenderem as tecnologias e os protocolos WAN, as operações MPLS e as implementações VPN, os administradores de rede podem conceber e gerir redes de área alargada que sejam eficientes, seguras e escaláveis, satisfazendo as exigências da conetividade moderna.

Capítulo 6: Fundamentos da transmissão de dados

6.1 Sinais analógicos e digitais

Sinais analógicos

- **Definição**: Sinais contínuos que variam ao longo do tempo e podem assumir qualquer valor dentro de um determinado intervalo.
- **Características**:
  - **Amplitude**: A altura da onda, que representa a intensidade do sinal.
  - **Frequência**: O número de ciclos por segundo (medido em Hertz, Hz).
  - **Fase**: A posição da onda num ponto no tempo.
- **Exemplos**: Ondas sonoras, ondas de rádio e sinais telefónicos tradicionais.
- **Vantagens**: Pode transportar uma vasta gama de tipos de dados, incluindo áudio e vídeo.
- **Desvantagens**: Suscetível ao ruído e à distorção, o que conduz a uma potencial perda de qualidade à distância.

Sinais digitais

- **Definição**: Sinais discretos que têm um número finito de valores distintos, normalmente representados por binários (0s e 1s).
- **Características**:
  - **Taxa de bits**: O número de bits transmitidos por segundo.
  - **Amplitude**: Representa valores binários (por exemplo, alto para 1, baixo para 0).
- **Exemplos**: Dados informáticos, áudio digital e sinais de vídeo.
- **Vantagens**: Mais resistente ao ruído e à distorção, permitindo uma transmissão de dados mais exacta.

- **Desvantagens**: Requer mais largura de banda em comparação com os sinais analógicos para a mesma qualidade.

Comparação entre sinais analógicos e digitais

- **Resistência ao ruído**: Os sinais digitais são menos afectados pelo ruído, enquanto os sinais analógicos podem degradar-se significativamente.
- **Integridade dos dados**: Os sinais digitais mantêm a integridade em distâncias maiores.
- **Largura de banda**: A transmissão digital exige frequentemente uma maior largura de banda.
- **Complexidade**: Os sistemas analógicos podem ser mais simples de implementar, mas os sistemas digitais oferecem características mais avançadas e flexibilidade.

6.2 Modos de transmissão

Descrição geral Os modos de transmissão referem-se às formas como os dados são transmitidos entre dispositivos numa rede. Definem a direção do fluxo de sinal e o método de transmissão.

Tipos de modos de transmissão

1. **Modo Simplex**
   - **Definição**: A transmissão de dados é unidirecional, o que significa que apenas flui numa direção.
   - **Exemplos**: Transmissões televisivas, teclado para computador.
   - **Vantagens**: Simples e económico.
   - **Desvantagens**: Não há capacidade de comunicação bidirecional.
2. **Modo Half-Duplex**
   - **Definição**: A transmissão de dados é bidirecional, mas apenas numa direção de cada vez.

- **Exemplos**: Walkie-talkies, rádios CB.
- **Vantagens**: Permite a comunicação bidirecional.
- **Desvantagens**: Apenas uma parte pode transmitir de cada vez, o que conduz a potenciais atrasos.

3. **Modo Full-Duplex**

- **Definição**: A transmissão de dados é bidirecional, permitindo uma comunicação simultânea nos dois sentidos.
- **Exemplos**: Chamadas telefónicas, redes Ethernet modernas.
- **Vantagens**: Comunicação eficiente, sem tempo de espera para que o canal fique livre.
- **Desvantagens**: A sua aplicação é mais complexa e potencialmente mais dispendiosa.

Métodos de transmissão

1. **Transmissão em série**

- **Definição**: Os bits são transmitidos um após o outro num único canal.
- **Tipos**:
  - **Transmissão assíncrona**: Os bits são enviados em intervalos irregulares com bits de início e de paragem para indicar o início e o fim da transmissão.
  - **Transmissão síncrona**: Os bits são enviados num fluxo contínuo com um sinal de relógio para sincronizar o emissor e o recetor.
- **Vantagens**: Requer menos linhas de transmissão, reduz o custo.
- **Desvantagens**: Pode ser mais lento em comparação com a transmissão paralela.

2. **Transmissão paralela**

   - **Definição**: Vários bits são transmitidos simultaneamente em vários canais.
   - **Exemplo**: Transferência de dados entre o computador e a impressora.
   - **Vantagens**: Transmissão de dados mais rápida.
   - **Desvantagens**: Requer mais linhas de transmissão, aumentando o custo e a complexidade.

Comparação entre a transmissão em série e a transmissão em paralelo

- **Velocidade**: A transmissão em paralelo pode ser mais rápida devido ao facto de vários bits serem enviados simultaneamente.
- **Distância**: A transmissão em série é mais fiável em longas distâncias, uma vez que a transmissão paralela pode sofrer de degradação do sinal e de problemas de temporização.
- **Custo**: A transmissão em série é geralmente menos dispendiosa devido ao menor número de linhas de transmissão necessárias.

Resumo

Compreender as diferenças fundamentais entre sinais analógicos e digitais, bem como os vários modos e métodos de transmissão, é crucial para conceber e otimizar os sistemas de comunicação. Os sinais analógicos, embora versáteis, são mais propensos à degradação, enquanto os sinais digitais oferecem maior precisão e resistência ao ruído. Os modos de transmissão, como simplex, half-duplex e full-duplex, determinam a direção e a eficiência do fluxo de dados, enquanto os métodos de transmissão em série e em paralelo afectam a velocidade e a complexidade. Estes conhecimentos constituem a base para a implementação de redes de comunicação de dados eficazes e fiáveis.

Capítulo 7: Meios guiados e não guiados na transmissão de dados

7.1 Meios de comunicação guiados

Descrição geral Os meios guiados, também conhecidos como meios delimitados ou com fios, referem-se a percursos físicos ao longo dos quais os sinais são transmitidos. Estas vias proporcionam um ambiente controlado para a propagação de sinais, reduzindo as interferências e assegurando uma comunicação fiável.

Tipos de meios de comunicação guiados

1. **Par trançado**
   - **Descrição**: Consiste em dois fios de cobre isolados torcidos entre si.
   - **Variedades**:
     - **Par trançado não blindado (UTP)**: Comumente usado em redes Ethernet.
     - **Par Trançado Blindado (STP)**: Oferece proteção adicional contra interferências electromagnéticas.
   - **Vantagens**: Barato, flexível, fácil de instalar.
   - **Desvantagens**: Suscetível de interferências electromagnéticas e de atenuação do sinal a longas distâncias.
   - **Aplicações**: Linhas telefónicas, redes Ethernet (Cat5e, Cat6, Cat6a).
2. **Cabo Coaxial**
   - **Descrição**: É constituído por um condutor central rodeado por uma camada isolante, uma blindagem metálica e uma camada isolante exterior.
   - **Tipos**:
     - **Thinnet (RG-58)**: Mais fino e mais flexível, utilizado em redes Ethernet mais antigas (10BASE2).
     - **Thicknet (RG-8)**: Mais espesso e mais robusto, utilizado em redes

Ethernet mais antigas (10BASE5).

- o **Vantagens**: Oferece melhor blindagem e maior largura de banda em comparação com o par trançado.
- o **Desvantagens**: Mais caro e menos flexível do que o par entrançado.
- o **Aplicações**: Televisão por cabo, Internet de banda larga, redes de longa distância.

3. **Fibras ópticas**

- o **Descrição**: Utiliza sinais de luz transmitidos através de fibras ópticas feitas de vidro ou plástico.
- o **Tipos**:
  - **Fibra monomodo**: Transmite um único modo de luz, adequado para a transmissão a longa distância.
  - **Fibra multimodo**: Transmite vários modos de luz, adequados para distâncias mais curtas.
- o **Vantagens**: Alta largura de banda, baixa atenuação de sinal, imune a interferências electromagnéticas.
- o **Desvantagens**: Instalação e manutenção dispendiosas, requer equipamento especializado para a terminação e emenda.
- o **Aplicações**: Telecomunicações de longa distância, Internet de alta velocidade, interconexões de centros de dados.

7.2 Meios de comunicação não guiados

Descrição geral Os meios não guiados, também conhecidos como meios sem limites ou sem fios, referem-se a canais de transmissão em que os sinais se propagam livremente através do ar ou do espaço, sem necessidade de vias físicas. Estes meios são utilizados principalmente para comunicações sem fios, oferecendo flexibilidade e mobilidade.

Tipos de meios não guiados

1. **Ondas de rádio**

   - **Descrição**: Ondas electromagnéticas com frequências que variam entre kHz e GHz.
   - **Propagação**: Viajam através da atmosfera e são reflectidos, refractados ou difractados por objectos no seu caminho.
   - **Aplicações**: Difusão de rádio AM/FM, Wi-Fi, Bluetooth, comunicação celular.

2. **Micro-ondas**

   - **Descrição**: Ondas de rádio de curto comprimento de onda com frequências que variam entre 1 GHz a 300 GHz.
   - **Propagação**: Transmissão em linha de vista, pode ser focada utilizando antenas direccionais.
   - **Aplicações**: Fornos de micro-ondas, comunicações por satélite, ligações de comunicação ponto-a-ponto.

3. **Infravermelhos**

   - **Descrição**: Radiação electromagnética com comprimentos de onda mais longos do que a luz visível mas mais curtos do que as micro-ondas.
   - **Propagação**: Transmissão em linha de vista, limitada por obstáculos e condições atmosféricas.
   - **Aplicações**: Controlos remotos, transmissão de dados por infravermelhos (IrDA), deteção de infravermelhos.

Comparação de meios guiados e não guiados

Meios de comunicação guiados

- **Vantagens**:

- o Ambiente controlado para a propagação do sinal.
- o Menos suscetível a interferências externas.
- o Podem suportar maior largura de banda e distâncias mais longas (especialmente fibra ótica).

Desvantagens:

- o Mobilidade e flexibilidade limitadas.
- o Os custos de instalação e manutenção podem ser elevados.
- o Sujeito a danos físicos e degradação ao longo do tempo.

Meios de comunicação não guiados

- **Vantagens**:
  - o Proporciona mobilidade e flexibilidade para a comunicação sem fios.
  - o Não são necessárias infra-estruturas físicas, reduzindo os custos de instalação.
  - o Adequado para dispositivos móveis e aplicações que requerem flexibilidade.
- **Desvantagens**:
  - o Suscetível a interferências de outros dispositivos sem fios e de factores ambientais.
  - o Alcance e largura de banda limitados em comparação com os meios guiados.
  - o A propagação do sinal pode ser afetada por obstáculos e condições atmosféricas.

A compreensão das características e aplicações dos meios guiados e não guiados é essencial para a conceção de sistemas de comunicação eficazes. Os meios guiados oferecem fiabilidade e elevado desempenho em percursos fixos, enquanto os meios não guiados proporcionam flexibilidade e mobilidade para comunicações sem fios. Ao selecionar os suportes adequados para requisitos específicos, as organizações podem criar redes de comunicação robustas e eficientes, adaptadas às suas necessidades.

Capítulo 8: Endereçamento IP e sub-rede

8.1 Endereçamento IP

Descrição geral O endereçamento IP é um aspeto fundamental das redes de computadores, permitindo que os dispositivos comuniquem entre si através da Internet ou de uma rede local. Os endereços IP identificam de forma única cada dispositivo e fornecem as informações de encaminhamento necessárias para que os pacotes de dados cheguem ao seu destino.

Componentes de um endereço IP

1. **Endereço IPv4**
   - Consiste em 32 bits divididos em quatro octetos (8 bits cada), separados por pontos.
   - Exemplo: 192.168.1.1
   - Intervalo: 0.0.0.0 a 255.255.255.255
2. **Endereço IPv6**
   - Consiste em 128 bits divididos em oito grupos de quatro dígitos hexadecimais, separados por dois pontos.
   - Exemplo: 2001:0db8:85a3:0000:0000:8a2e:0370:7334
   - Intervalo: 0 a FFFF (hexadecimal)

Classes de endereços IPv4

1. **Classe A**
   - Intervalo: 1.0.0.0 a 126.255.255.255
   - Primeiro octeto: 0xxx (1-126)
   - Máscara de sub-rede: 255.0.0.0

2. **Classe B**
    - Intervalo: 128.0.0.0 a 191.255.255.255
    - Primeiro octeto: 10xx (128-191)

      Máscara de sub-rede: 255.255.0.0
3. **Classe C**
    - Intervalo: 192.0.0.0 a 223.255.255.255
    - Primeiro octeto: 110x (192-223)
    - Máscara de sub-rede: 255.255.255.0

Sub-rede A sub-rede é o processo de divisão de uma rede em sub-redes mais pequenas, conhecidas como sub-redes. Permite uma utilização eficiente dos endereços IP e uma melhor gestão da rede.

Notação CIDR A notação CIDR (Classless Inter-Domain Routing) é um método de representação de endereços IP e dos respectivos prefixos de rede associados. Permite uma atribuição mais flexível de endereços IP e simplifica o encaminhamento.

Exemplo: 192.168.1.0/24

- 192.168.1.0 é o endereço de rede.
- /24 indica que os primeiros 24 bits são a parte da rede, deixando 8 bits para os endereços de anfitrião.

8.2 IP versão 4 (IPv4)

Descrição geral O IPv4 é a quarta versão do Protocolo Internet, amplamente utilizado para a comunicação de dados através da Internet e das redes locais. Apesar da sua adoção generalizada, o IPv4 enfrenta desafios como o esgotamento de endereços devido ao número limitado de endereços disponíveis.

Principais características e características

1. **Espaço de endereços de 32 bits**: Fornece aproximadamente 4,3 mil milhões de

endereços IP únicos.

2. **Representação binária**: Cada octeto é representado em formato binário, separado por pontos.

3. **Classes**: Dividido em classes (A, B, C, D, E) com base nos bits iniciais do endereço.

4. **NAT (Network Address Translation)**: Permite que vários dispositivos de uma rede privada partilhem um único endereço IPv4 público.

5. **Endereços IP privados**: Intervalos reservados (por exemplo, 192.168.0.0/16, 10.0.0.0/8) para utilização em redes privadas.

Limitações do IPv4

1. **Esgotamento de endereços**: O espaço de endereçamento limitado é insuficiente para acomodar o número crescente de dispositivos ligados à Internet.

2. **Endereçamento por classe**: O esquema de endereçamento por classes resulta numa atribuição ineficiente de endereços IP.

3. **Segurança**: Falta de funcionalidades de segurança incorporadas, exigindo protocolos adicionais como o IPsec para uma comunicação segura.

8.3 IP versão 6 (IPv6)

Descrição geral O IPv6 é a versão mais recente do Protocolo Internet, concebida para dar resposta às limitações do IPv4 e acomodar o número crescente de dispositivos ligados à Internet. O IPv6 fornece um espaço de endereços significativamente maior e introduz melhorias na segurança, na auto-configuração e no desempenho.

Principais características e características

1. **Espaço de endereços de 128 bits**: Fornece aproximadamente 340 undecilhões de endereços IP únicos.

2. **Representação hexadecimal**: Cada grupo de quatro dígitos hexadecimais é separado por dois pontos.

3. **Formato de cabeçalho simplificado**: Estrutura de cabeçalho simplificada para um processamento de pacotes mais eficiente.
4. **Auto-configuração**: Os dispositivos podem configurar automaticamente os seus endereços IPv6 utilizando a SLAAC (Stateless Address Autoconfiguration).
5. **Melhorias na segurança**: Suporte incorporado para IPsec, melhorando a segurança da comunicação através da Internet.
6. **Suporte a Multicast**: Suporte melhorado para comunicação multicast, permitindo a entrega eficiente de conteúdos e a gestão da rede.

Vantagens do IPv6

1. **Grande espaço de endereços**: Elimina o risco de esgotamento de endereços e permite a atribuição de endereços únicos a cada dispositivo. 2

Capítulo 9: Roteamento e comutação em redes de computadores

9.1 Encaminhamento estático e dinâmico

Descrição geral O encaminhamento é o processo de seleção do melhor caminho para os pacotes de dados viajarem da origem para o destino através de uma rede. Os métodos de encaminhamento estático e dinâmico são utilizados para determinar esses caminhos.

Encaminhamento estático

- **Definição**: No encaminhamento estático, os administradores de rede configuram manualmente a tabela de encaminhamento nos routers, especificando os caminhos para chegar a destinos específicos.
- **Vantagens**:
  - Simples e fácil de configurar.
  - Menos sobrecarga nos routers, uma vez que as rotas não mudam dinamicamente.
- **Desvantagens**:
  - Não é escalável para grandes redes.
  - Propenso a erros e ineficiências se os itinerários mudarem frequentemente.

Encaminhamento dinâmico

- **Definição**: Os protocolos de encaminhamento dinâmico permitem que os encaminhadores troquem automaticamente informações de encaminhamento e ajustem dinamicamente as tabelas de encaminhamento com base nas alterações da topologia da rede.

- **Vantagens**:
    - Escalável e adaptável a alterações na topologia da rede.
    - Proporciona uma convergência mais rápida em caso de falhas na rede.
- **Desvantagens**:
    - Aumento da sobrecarga devido às mensagens do protocolo de encaminhamento.
    - Complexidade de configuração em comparação com o encaminhamento estático.

9.2 Protocolos de encaminhamento

RIP (Protocolo de Informação de Encaminhamento)

- **Tipo**: Protocolo de encaminhamento por vetor de distância.
- **Características**:
    - Utiliza a contagem de saltos como métrica para determinar o melhor caminho.
    - Limitado a redes mais pequenas devido a limitações de contagem de saltos (máximo de 15 saltos).
    - A convergência pode ser lenta em grandes redes.
- **Versões**: RIP v1, RIP v2.

OSPF (caminho mais curto aberto primeiro)

- **Tipo**: Protocolo de encaminhamento link-state.
- **Características**:
    - Utiliza o algoritmo do caminho mais curto de Dijkstra para calcular o

melhor caminho.

- Suporta mascaramento de sub-rede de comprimento variável (VLSM) e CIDR.
- Proporciona uma convergência e escalabilidade mais rápidas em comparação com o RIP.

- **Áreas**: As redes OSPF são divididas em áreas para melhor escalabilidade e capacidade de gestão.

BGP (Border Gateway Protocol)

- **Tipo**: Protocolo de encaminhamento caminho-vetor.
- **Características**:
  - Utilizado principalmente para o encaminhamento entre sistemas autónomos (ASes) na Internet.
  - Troca de informações de encaminhamento com base em políticas e atributos.
  - Suporta múltiplos critérios de seleção de caminhos para uma melhor engenharia de tráfego e equilíbrio de carga.

9.3 Conceitos de comutação e VLANs

Conceitos de comutação

- **Definição**: A comutação envolve o encaminhamento de pacotes de dados entre dispositivos numa rede com base nos seus endereços MAC.
- **Tipos**:
  - **Armazenar e encaminhar**: Todo o pacote é recebido e armazenado antes de ser reencaminhado.
  - **Cut-Through**: Encaminha os pacotes assim que o endereço MAC de destino é lido.

- **Fragment-Free**: Combina aspectos do store-and-forward e do cut-through, verificando se há erros nos primeiros 64 bytes de um quadro antes de encaminhá-lo.

LANs virtuais (VLANs)

- **Definição**: As VLANs são a segmentação lógica de uma rede física em várias redes virtuais, permitindo que os dispositivos comuniquem como se estivessem no mesmo segmento de rede física.
- **Benefícios**:
  - Segurança melhorada: Isola o tráfego entre diferentes VLANs.
  - Melhoria do desempenho da rede: Reduz o tráfego de difusão ao segmentar a rede.
  - Gestão de rede simplificada: Permite o agrupamento lógico de dispositivos com base em requisitos de departamento, função ou segurança.
- **Marcação de VLAN**: A marcação de VLAN adiciona um identificador de VLAN (VLAN ID) aos quadros Ethernet, permitindo que os switches diferenciem entre VLANs.

Ao compreender os protocolos de encaminhamento como RIP, OSPF e BGP, bem como os conceitos de comutação e VLANs, os administradores de rede podem conceber e gerir redes eficientes e escaláveis que satisfazem os requisitos da comunicação de dados moderna.

Capítulo 10: TCP e UDP na transmissão de dados

10.1 Protocolo de Controlo de Transmissão (TCP)

Descrição geral O TCP é um protocolo orientado para a ligação utilizado para a transmissão fiável de dados em redes IP. Fornece funcionalidades como a deteção de erros, o controlo do fluxo e o controlo do congestionamento para garantir a integridade e a fiabilidade da entrega de dados.

Principais características e características

1. **Estabelecimento e terminação de ligações**
   - **Aperto de mão de três vias**: Estabelece uma ligação entre o cliente e o servidor.
   - **Aperto de mão de quatro vias**: Termina a ligação e assegura que todos os dados são entregues.
2. **Fornecimento fiável de dados**
   - **Confirmação (ACK)**: O recetor envia pacotes de confirmação para confirmar a receção bem sucedida dos dados.
   - **Números de sequência**: A cada pacote é atribuído um número de sequência para garantir a ordenação correcta.
3. **Controlo do fluxo**
   - **Janela deslizante**: Regula o fluxo de dados entre o emissor e o recetor para evitar congestionamento e estouro de buffer.
4. **Controlo do congestionamento**
   - **TCP Congestion Avoidance**: Ajusta a taxa de transmissão com base nos sinais de congestionamento da rede (por exemplo, perda de pacotes).
   - **Início lento**: Aumenta gradualmente a taxa de transmissão até ser detectado

um congestionamento.

5. **Deteção de erros e retransmissão**

   - **Checksum**: Detecta erros nos pacotes de dados transmitidos.

     Repetição selectiva: Retransmite apenas os pacotes perdidos ou corrompidos.

10.2 Protocolo de datagrama do utilizador (UDP)

Descrição geral O UDP é um protocolo sem ligação utilizado para uma transmissão de dados leve e rápida em redes IP. Ao contrário do TCP, o UDP não fornece funcionalidades para fiabilidade, controlo de fluxo ou controlo de congestionamento.

Principais características e características

1. **Comunicação sem ligação**

   - **Sem Handshake**: Não requer um processo de estabelecimento de ligação antes da transmissão de dados.
   - **Entrega de melhor esforço**: Os pacotes UDP são enviados sem confirmação ou correção de erros.

2. **Poucas despesas gerais**

   - Cabeçalho **mínimo**: O cabeçalho UDP é mais pequeno do que o TCP, reduzindo a sobrecarga.

3. **Transmissão rápida**

   - **Sem controlo de congestionamento**: O UDP não efectua controlo de congestionamento, permitindo uma transmissão mais rápida em alguns casos.

4. **Aplicações**

   - **Comunicação em tempo real**: Utilizada para aplicações que requerem baixa latência, como VoIP, streaming de vídeo e jogos em linha.

- **DNS (Sistema de Nomes de Domínio)**: O UDP é normalmente utilizado para consultas e respostas DNS.

10.3 Controlo de fluxo e controlo de erros

Controlo do fluxo Os mecanismos de controlo do fluxo regulam a taxa de transmissão de dados entre o emissor e o recetor para evitar congestionamentos e garantir uma utilização eficiente dos recursos da rede.

1. **Controlo de fluxo TCP**
   - **Janela deslizante**: O TCP utiliza um mecanismo de janela deslizante para controlar o fluxo de pacotes de dados.
   - **Tamanho da janela do recetor**: Indica a quantidade de dados que o recetor está disposto a aceitar.
2. **Controlo do fluxo UDP**
   - **Não implementado**: O UDP não fornece mecanismos de controlo de fluxo incorporados. As aplicações devem implementar a sua própria lógica de controlo do fluxo, se necessário.

Controlo de erros Os mecanismos de controlo de erros detectam e corrigem os erros que podem ocorrer durante a transmissão de dados para garantir a integridade e a fiabilidade da entrega dos dados.

1. **Controlo de erros TCP**
   - **Checksum**: O TCP utiliza um campo de soma de verificação no cabeçalho para detetar erros em pacotes de dados transmitidos.
   - **Repetição selectiva**: Retransmite apenas os pacotes perdidos ou corrompidos, assegurando uma entrega fiável dos dados.
2. **Controlo de erros UDP**
   - **Sem mecanismos incorporados**: O UDP não fornece correção de erros mecanismos. As aplicações devem tratar da deteção e recuperação de

erros, se necessário.

Ao compreender as funcionalidades e características do TCP e do UDP, bem como os mecanismos de controlo de fluxo e de controlo de erros, os administradores de rede podem tomar decisões informadas ao conceber e gerir redes de comunicação de dados, equilibrando a fiabilidade, o desempenho e a eficiência com base nos requisitos das aplicações e dos utilizadores.

Capítulo 11: Protocolos da camada de aplicação

11.1 HTTP/HTTPS

H TTP (Protocolo de Transferência de Hipertexto)

- **Descrição geral**: O HTTP é um protocolo utilizado para a transferência de documentos de hipertexto na World Wide Web. Define a forma como as mensagens são formatadas e transmitidas entre servidores Web e clientes.
- **Características**:
    - Sem estado: Cada pedido de um cliente ao servidor é independente e não está relacionado com pedidos anteriores.
    - Sem ligação: Cada ciclo de pedido/resposta é concluído de forma independente e a ligação é encerrada posteriormente.
- **Métodos**: GET, POST, PUT, DELETE, etc.
- **Códigos de estado**: 200 OK, 404 Não encontrado, 500 Erro interno do servidor, etc.

HTTPS (Protocolo de transferência de hipertexto seguro)

- **Visão geral**: O HTTPS é a versão segura do HTTP, encriptada utilizando os protocolos SSL/TLS para proporcionar uma comunicação segura através da Internet.
- **Características**:
    - Utiliza a encriptação SSL/TLS para proteger a transmissão de dados contra espionagem e adulteração.
    - Requer certificados digitais para autenticação do servidor e troca de chaves de encriptação.

11.2 FTP (Protocolo de Transferência de Ficheiros)

Descrição geral O FTP é um protocolo utilizado para a transferência de ficheiros entre um cliente e um servidor numa rede informática. Proporciona um meio simples e fiável de transferência de ficheiros, suportando formatos de ficheiros binários e ASCII.

Características

- **Dois modos**: O FTP suporta dois modos de funcionamento: modo ativo e modo passivo, para a transferência de dados.
- **Comandos**: O FTP utiliza comandos como GET, PUT, LIST e DELETE para interagir com ficheiros no servidor.
- **Autenticação**: Os utilizadores têm de fornecer um nome de utilizador e uma palavra-passe para aceder aos ficheiros no servidor FTP.
- **Segurança**: O FTP não possui encriptação incorporada, o que o torna vulnerável a escutas e interceção de dados.

11.3 SMTP (Simple Mail Transfer Protocol)

Descrição geral O SMTP é um protocolo utilizado para enviar e receber mensagens de correio eletrónico entre servidores de correio. Define a forma como as mensagens de correio eletrónico são formatadas, transmitidas e entregues aos seus destinatários.

Características

- **Formato da mensagem**: O SMTP define a estrutura das mensagens de correio eletrónico, incluindo cabeçalhos, corpo e anexos.
- **Entrega fiável**: O SMTP garante a entrega fiável de mensagens de correio eletrónico através de mecanismos de reconhecimento e estratégias de repetição.
- **Porta**: O SMTP funciona normalmente na porta 25 para a transmissão de mensagens entre servidores de correio eletrónico.
- **Extensões**: As extensões SMTP, como o STARTTLS, fornecem encriptação para uma comunicação segura.

11.4 DNS (Sistema de Nomes de Domínio)

Descrição geral O DNS é um sistema hierárquico de nomes distribuídos utilizado para traduzir nomes de domínio (por exemplo, www.example.com) em endereços IP e vice-versa. Permite aos utilizadores aceder a sítios Web utilizando nomes de domínio legíveis por humanos em vez de endereços IP numéricos.

Características

- **Estrutura hierárquica**: O DNS organiza os nomes de domínio numa estrutura hierárquica em árvore para uma gestão e pesquisa eficientes.
- **Processo de resolução**: A resolução de DNS envolve a consulta de vários servidores DNS para traduzir nomes de domínio em endereços IP.
- **Armazenamento em** cache: os servidores DNS armazenam em cache os nomes de domínio resolvidos para melhorar a velocidade de pesquisa e reduzir o tráfego de rede.
- **Tipos de servidores DNS**: Os servidores DNS incluem servidores autoritativos, servidores recursivos e servidores de cache.

11.5 Protocolos de aplicação emergentes

Os protocolos de aplicação emergentes continuam a evoluir para satisfazer as necessidades de mudança das aplicações e serviços modernos. Alguns exemplos notáveis incluem:

1. **WebRTC (Web Real-Time Communication)**: Permite a comunicação em tempo real (áudio, vídeo e dados) entre navegadores Web sem a necessidade de plugins adicionais.
2. **MQTT (Transporte de Telemetria de Enfileiramento de Mensagens)**: Protocolo leve e eficiente para dispositivos IoT (Internet of Things) trocarem mensagens e dados.
3. **GraphQL**: Linguagem de consulta e tempo de execução para APIs que fornece uma alternativa mais eficiente às APIs RESTful para obter e manipular dados.

4. **gRPC (Chamada de procedimento remoto do Google)**: Estrutura RPC (Remote Procedure Call) de alto desempenho desenvolvida pela Google, adequada para a criação de arquitecturas de microsserviços eficientes.

À medida que a tecnologia avança e surgem novos casos de utilização, os protocolos da camada de aplicação continuarão a evoluir para dar resposta aos requisitos das aplicações e serviços modernos, incluindo os relacionados com a IoT, a comunicação em tempo real e os sistemas distribuídos.

Capítulo 12: Ameaças, vulnerabilidades, protocolos de segurança e encriptação

12.1 Ameaças e vulnerabilidades

Ameaças As ameaças referem-se a potenciais eventos ou circunstâncias que podem causar danos a um sistema ou rede de computadores. Os tipos comuns de ameaças incluem:

1. **Malware**: Software malicioso concebido para perturbar, danificar ou obter acesso não autorizado a sistemas informáticos.
2. **Ciberataques**: Tentativas deliberadas e maliciosas de explorar vulnerabilidades em sistemas ou redes informáticas.
3. **Phishing**: Tentativas fraudulentas de obter informações sensíveis (como nomes de utilizador, palavras-passe ou detalhes de cartões de crédito) fazendo-se passar por uma entidade de confiança.
4. **Ataques de negação de serviço (DoS)**: Tentativas de perturbar o funcionamento normal de um sistema informático ou de uma rede, sobrecarregando-o com um fluxo de tráfego ou pedidos.
5. **Violações de dados**: Acesso não autorizado ou divulgação de informações sensíveis ou confidenciais, muitas vezes resultando em roubo ou exposição de dados.

Vulnerabilidades As vulnerabilidades são pontos fracos ou falhas em sistemas informáticos, software ou redes que podem ser explorados por ameaças para comprometer a sua segurança. Os tipos comuns de vulnerabilidades incluem:

1. **Vulnerabilidades de software**: Bugs, erros de codificação ou falhas de conceção em aplicações de software que podem ser exploradas para obter acesso não autorizado ou causar instabilidade no sistema.
2. **Vulnerabilidades de rede**: Configurações incorrectas, mecanismos de autenticação fracos ou software não corrigido na infraestrutura de rede que podem ser explorados por atacantes para obter acesso não autorizado ou lançar ataques.

3. **Factores humanos**: Erros humanos, negligência ou falta de sensibilização para a segurança que podem levar a violações de segurança, como clicar em ligações maliciosas ou ser vítima de ataques de engenharia social.

12.2 Protocolos de segurança e encriptação

Protocolos de segurança Os protocolos de segurança são conjuntos de regras e procedimentos utilizados para garantir a segurança da comunicação e do intercâmbio de dados entre as partes através de uma rede. Os protocolos de segurança mais comuns incluem:

1. **SSL/TLS (Secure Sockets Layer/Transport Layer Security)**: Protocolos utilizados para estabelecer ligações encriptadas entre clientes e servidores na Internet, normalmente utilizados para proteger a navegação na Web (HTTPS), o correio eletrónico (SMTPS, POP3S, IMAPS) e outras aplicações.
2. **IPsec (Segurança do Protocolo Internet)**: Conjunto de protocolos utilizado para proteger as comunicações IP, fornecendo autenticação, integridade e confidencialidade na camada IP.
3. **SSH (Secure Shell)**: Protocolo utilizado para início de sessão remoto seguro e execução de comandos em dispositivos ligados em rede, fornecendo comunicação encriptada e autenticação.
4. **S/MIME (Secure/Multipurpose Internet Mail Extensions)**: Protocolo para proteger mensagens de correio eletrónico com encriptação e assinaturas digitais, garantindo a confidencialidade e a autenticidade.
5. **PGP (Pretty Good Privacy)**: Protocolo para encriptar e assinar digitalmente mensagens de correio eletrónico, ficheiros e comunicações, amplamente utilizado para comunicações seguras e proteção de dados.

Encriptação A encriptação é o processo de codificação da informação de forma a que apenas as partes autorizadas possam aceder à mesma. É uma técnica fundamental utilizada para proteger a confidencialidade e a integridade dos dados. Os algoritmos de encriptação mais comuns incluem:

1. **AES (Advanced Encryption Standard)**: Algoritmo de encriptação simétrica amplamente utilizado para proteger dados em repouso e em trânsito, conhecido pela sua segurança e eficiência.

2. **RSA (Rivest-Shamir-Adleman)**: Algoritmo de encriptação assimétrica utilizado para troca de chaves, assinaturas digitais e encriptação, baseado na dificuldade de faturar grandes números primos.

3. **Diffie-Hellman**: Algoritmo de troca de chaves utilizado para estabelecer de forma segura chaves secretas partilhadas entre partes através de um canal inseguro, permitindo uma comunicação segura.

4. **ECC (Elliptic Curve Cryptography)**: Algoritmo de encriptação de chave pública baseado nas propriedades matemáticas das curvas elípticas, que oferece uma forte segurança com comprimentos de chave mais curtos do que o RSA.

Ao compreender as ameaças, vulnerabilidades, protocolos de segurança e técnicas de encriptação comuns, as organizações podem desenvolver estratégias de segurança eficazes e implementar medidas para proteger os seus sistemas informáticos, redes e dados contra o acesso não autorizado, a exploração e os ataques.

Capítulo 13: Tecnologias de firewall, configurações, IDS e IPS

13.1 Tecnologias de firewall

Descrição geral As firewalls são dispositivos de segurança de rede concebidos para monitorizar e controlar o tráfego de entrada e saída da rede com base em regras de segurança pré-determinadas. Servem como uma barreira entre uma rede interna confiável e redes externas não confiáveis, como a Internet, para proteger contra acesso não autorizado e atividades maliciosas.

Tipos de Firewalls

1. **Firewalls de filtragem de pacotes**
   - Funcionam na camada de rede (camada 3) do modelo OSI.
   - Inspecionar pacotes com base em regras predefinidas, tais como endereços IP de origem/destino, números de portas e protocolos.
   - Simples e eficiente, mas com funcionalidade limitada em comparação com outros tipos de firewall.
2. **Firewalls de Inspeção Estatal**
   - Combine a filtragem de pacotes com a inspeção com estado para controlar o estado das ligações activas.
   - Manter uma tabela de estado para controlar as ligações estabelecidas e permitir apenas a passagem de tráfego autorizado.
   - Fornece segurança e desempenho melhorados em comparação com firewalls de filtragem de pacotes.
3. **Firewalls de proxy**
   - Actuam como intermediários entre clientes e servidores, interceptando e inspeccionando o tráfego antes de o encaminharem.

- o Pode executar a inspeção profunda de pacotes (DPI) e a filtragem da camada de aplicação, fornecendo controlo granular sobre o tráfego de rede.
- o Oferece maior segurança, mas pode introduzir latência devido ao processamento adicional.

4. **Firewalls de próxima geração (NGFW)**
   - o Integrar funcionalidades tradicionais de firewall com capacidades de segurança avançadas, tais como prevenção de intrusões, controlo de aplicações e inspeção SSL.
   - o Proporcionar uma maior visibilidade do tráfego de rede e uma deteção e prevenção de ameaças mais eficazes.

13.2 Configurações de firewall

Configurações comuns de firewall

1. **Predefinição Negar**
   - o A política padrão é negar todo o tráfego de entrada e saída, a menos que explicitamente permitido pelas regras do firewall.
   - o Fornece segurança máxima, bloqueando todo o tráfego por defeito e permitindo apenas o tráfego autorizado.
2. **Predefinição Permitir**
   - o A política padrão é permitir todo o tráfego de entrada e saída, a menos que seja explicitamente bloqueado por regras de firewall.
   - o Oferece conveniência, mas pode expor a rede a um risco maior se o tráfego não autorizado não for adequadamente controlado.
3. **Firewall de duplo alojamento**
   - o Firewall implantada com duas interfaces de rede, separando as redes interna e externa.

- o Fornece uma camada adicional de segurança, isolando os recursos internos de ameaças externas.

4. **DMZ (Zona Desmilitarizada)**

   - o Zona de rede segregada entre a rede interna e a Internet, contendo servidores acessíveis ao público (por exemplo, servidores Web, servidores de correio eletrónico).
   - o Usa uma combinação de regras de firewall para controlar o fluxo de tráfego entre a DMZ e as redes internas/externas.

13.3 IDS (Sistema de Deteção de Intrusão) e IPS (Sistema de Prevenção de Intrusão)

IDS (Sistema de deteção de intrusão)

- **Descrição geral**: O IDS monitoriza o tráfego de rede ou as actividades do sistema para detetar sinais de actividades maliciosas ou violações de políticas.
- **Tipos**:
  - o **IDS baseado em rede (NIDS)**: analisa o tráfego de rede em tempo real para detetar padrões suspeitos ou assinaturas de ataques conhecidos.
  - o **IDS baseado em host (HIDS)**: monitora atividades em hosts ou servidores individuais para identificar acesso não autorizado ou comportamento suspeito.
- **Métodos de deteção**:
  - o **Deteção baseada em assinaturas**: Compara o tráfego de rede ou eventos do sistema contra uma base de dados de assinaturas de ataques conhecidos.
  - o **Deteção baseada em anomalias**: Analisa os desvios dos padrões normais de comportamento para detetar potenciais ameaças.

IPS (Sistema de Prevenção de Intrusões)

- **Visão geral**: O IPS amplia as capacidades do IDS, bloqueando ou atenuando ativamente as ameaças detectadas em tempo real.
- **Características**:
  - **Bloqueio**: Bloqueia ou filtra automaticamente o tráfego malicioso com base em regras ou assinaturas predefinidas.
  - **Alerta**: Gera alertas ou notificações para o pessoal de segurança para investigação e resposta adicionais.
  - **Prevenção**: Evita proactivamente que ataques ou vulnerabilidades conhecidas sejam explorados, reduzindo a probabilidade de intrusões bem sucedidas.

Resumo

As firewalls desempenham um papel fundamental na segurança da rede, monitorizando e controlando os fluxos de tráfego entre redes. Diferentes tecnologias e configurações de firewall oferecem diferentes níveis de proteção, permitindo às organizações implementar medidas de segurança adaptadas aos seus requisitos específicos. Além disso, os sistemas IDS e IPS melhoram a segurança da rede, detectando e respondendo a actividades maliciosas em tempo real, ajudando a proteger contra uma vasta gama de ciberameaças. Ao implementar uma combinação de soluções de firewalls, IDS e IPS, as organizações podem reforçar a sua postura de segurança global e mitigar os riscos colocados por potenciais ameaças e vulnerabilidades.

Capítulo 14: SNMP e monitorização, configuração e gestão do desempenho da rede

14.1 SNMP (Simple Network Management Protocol)

Descrição geral O SNMP é um protocolo utilizado para gerir e monitorizar dispositivos e sistemas de rede. Permite aos administradores de rede recolher informações, monitorizar o desempenho e gerir configurações remotamente a partir de uma estação de gestão central.

Componentes do SNMP

1. **Dispositivos geridos**: Dispositivos como routers, switches, servidores e impressoras que são monitorizados e geridos através de SNMP.
2. **Agentes**: Módulos de software instalados em dispositivos geridos que recolhem e armazenam informações sobre o estado e o desempenho do dispositivo.
3. **Estação de gestão**: Sistema centralizado utilizado pelos administradores de rede para monitorizar e gerir dispositivos geridos através de SNMP.
4. **Base de informações de gestão (MIB)**: Base de dados que contém informações estruturadas (variáveis) sobre os dispositivos geridos, acessível através de SNMP.

Operações do SNMP

1. **Obter**: Recupera o valor de uma ou mais variáveis de um dispositivo gerido.
2. **Definir**: Modifica o valor de uma ou mais variáveis num dispositivo gerido.
3. **Trap**: Envia mensagens não solicitadas (traps) de agentes para a estação de gerenciamento para notificar sobre eventos ou condições específicas.

14.2 Monitorização da rede

Objetivo da monitorização da rede A monitorização da rede envolve a monitorização contínua da infraestrutura de rede, dos serviços e dos parâmetros de desempenho para garantir um funcionamento ótimo e resolver problemas de forma proactiva. Ajuda os administradores de rede a identificar e resolver potenciais problemas antes que estes afectem os utilizadores ou os serviços.

Aspectos fundamentais da monitorização da rede

1. **Disponibilidade do dispositivo**: Monitorização da disponibilidade dos dispositivos de rede (routers, switches, servidores) para garantir que estão operacionais e acessíveis.
2. **Análise de tráfego**: Analisar os padrões de tráfego da rede, a utilização da largura de banda e as métricas de desempenho para identificar estrangulamentos e otimizar a atribuição de recursos.
3. **Registo de eventos e alertas**: Registo de eventos críticos e geração de alertas ou notificações para condições anormais ou potenciais ameaças à segurança.
4. **Monitorização do desempenho**: Acompanhamento de métricas de desempenho, como latência, perda de pacotes e taxa de transferência, para avaliar o desempenho da rede e identificar áreas de melhoria.
5. **Gestão da configuração**: Gerir e acompanhar as alterações de configuração nos dispositivos de rede para garantir a consistência e a conformidade com as políticas organizacionais.

14.3 Gestão da configuração e do desempenho

Gestão da configuração A gestão da configuração envolve a gestão e o controlo das configurações dos dispositivos de rede para garantir a consistência, fiabilidade e conformidade com as políticas organizacionais. Os principais aspectos da gestão da configuração incluem:

1. **Cópias de segurança da configuração**: Efetuar regularmente cópias de segurança das configurações dos dispositivos para facilitar a recuperação em caso de falhas ou alterações de configuração.
2. **Controlo de versões**: Acompanhamento e gestão das alterações de configuração ao longo do tempo, incluindo controlo de versões e histórico de alterações.
3. **Provisionamento automatizado**: Automatizar a implantação e o provisionamento de dispositivos e serviços de rede para melhorar a eficiência e reduzir erros manuais.

4. **Gestão da conformidade**: Assegurar que as configurações dos dispositivos cumprem as políticas de segurança, os requisitos regulamentares e as melhores práticas.

Gestão do desempenho A gestão do desempenho envolve a monitorização e a otimização do desempenho da rede para garantir um funcionamento eficiente e fiável. Os principais aspectos da gestão do desempenho incluem:

1. **Monitorização do desempenho**: Monitorização contínua de métricas de desempenho, como latência, taxa de transferência e perda de pacotes, para identificar estrangulamentos e tendências de desempenho.
2. **Planeamento da capacidade**: Previsão das necessidades futuras de capacidade da rede com base em dados históricos e projecções de crescimento para evitar o esgotamento de recursos e a degradação do desempenho.
3. **Gestão de QoS (Qualidade de Serviço)**: Implementação de políticas de QoS para dar prioridade ao tráfego crítico e garantir um desempenho ótimo para aplicações de missão crítica.
4. **Resolução de problemas e diagnósticos**: Analisar dados de desempenho e registos de rede para diagnosticar e resolver problemas de desempenho de forma rápida e eficaz.

Resumo

O SNMP e a monitorização da rede desempenham papéis cruciais na gestão e manutenção da infraestrutura de rede. Ao tirar partido dos protocolos SNMP e das ferramentas de monitorização da rede, as organizações podem monitorizar o estado dos dispositivos, acompanhar as métricas de desempenho e resolver problemas de forma proactiva. Além disso, as práticas de gestão da configuração e do desempenho ajudam a garantir a fiabilidade, segurança e eficiência das operações de rede, gerindo as configurações dos dispositivos, optimizando o desempenho e resolvendo potenciais problemas antes que estes afectem os utilizadores ou os serviços. Ao implementar estratégias abrangentes de monitorização, configuração e gestão do desempenho, as organizações podem aumentar a fiabilidade da rede, otimizar a utilização de recursos e melhorar a eficiência operacional global.

Capítulo 15: Problemas comuns de rede e soluções, ferramentas e técnicas para solução de problemas

15.1 Problemas comuns de rede e soluções

1. Problemas de conetividade

- **Sintomas**: Os dispositivos não conseguem ligar-se à rede ou aceder a recursos.
- **Causas**: Falhas nos cabos físicos, definições de rede mal configuradas, problemas de DHCP.
- **Soluções**: Verificar as ligações dos cabos, verificar as definições de rede, reiniciar os dispositivos de rede.

2. Desempenho lento da rede

- **Sintomas**: Transferência de dados lenta, latência elevada, fraca capacidade de resposta das aplicações.
- **Causas**: Congestionamento da largura de banda, estrangulamentos na rede, definições de QoS mal configuradas.
- **Soluções**: Monitorizar o tráfego de rede, otimizar as definições de QoS, atualizar a infraestrutura de rede.

3. Problemas de resolução de DNS

- **Sintomas**: Incapacidade de resolver nomes de domínio, erros intermitentes de DNS.
- **Causas**: Configurações incorrectas do servidor DNS, problemas de cache DNS, indisponibilidade do servidor DNS.
- **Soluções**: Verificar as definições do servidor DNS, limpar a cache do DNS, utilizar servidores DNS alternativos.

4. Violações de segurança

- **Sintomas**: Acesso não autorizado, violações de dados, infecções por malware.

- **Causas**: Palavras-passe fracas, vulnerabilidades não corrigidas, falta de protocolos de segurança.
- **Soluções**: Implementar palavras-passe fortes, atualizar regularmente o software, aplicar medidas de segurança (firewalls, IDS/IPS).

5. **Interferência da rede sem fios**

- **Sintomas**: Conectividade intermitente, quedas de sinal, velocidades Wi-Fi lentas.
- **Causas**: Obstruções físicas, redes Wi-Fi vizinhas, interferências electrónicas.
- **Soluções**: Deslocar dispositivos sem fios, mudar os canais Wi-Fi, atualizar para sistemas Wi-Fi de banda dupla ou de malha.

15.2 Ferramentas e técnicas para a resolução de problemas

1. **Ping**

- **Objetivo**: Testa a conetividade da rede enviando pacotes de pedido de eco ICMP para um anfitrião de destino e aguardando respostas.
- **Utilização**: ping <destino>

2. **Traceroute**

- **Objetivo**: Traça o caminho que os pacotes percorrem desde a origem até ao destino, mostrando cada salto ao longo do percurso.
- **Utilização**: traceroute <destino>

3. **Analisadores de rede**

- **Objetivo**: Captura e analisa o tráfego de rede em tempo real para diagnosticar problemas de rede e estrangulamentos de desempenho.
- **Exemplos**: Wireshark, tcpdump.

4. **Scanners de portas**

- **Objetivo**: Analisa os dispositivos de rede em busca de portas e serviços abertos para identificar potenciais vulnerabilidades de segurança.

- **Exemplos**: Nmap, Angry IP Scanner.

5. **Ferramentas de monitorização SNMP**

- **Objetivo**: Monitoriza dispositivos e sistemas de rede utilizando protocolos SNMP para recolher dados de desempenho e gerir configurações.

- **Exemplos**: Cacti, Nagios.

6. **Ferramentas de elaboração de pacotes**

- **Objetivo**: Cria pacotes personalizados para fins de teste de rede e resolução de problemas.

- **Exemplos**: Scapy, hping.

7. **Ferramentas de gestão da configuração**

- **Objetivo**: Gere e acompanha as configurações dos dispositivos para garantir a consistência e a conformidade com as políticas organizacionais.

- **Exemplos**: Ansible, Puppet.

8. **Ferramentas de análise de registos**

- **Objetivo**: Analisa ficheiros de registo de dispositivos de rede, servidores e aplicações para identificar erros, incidentes de segurança e problemas de desempenho.

- **Exemplos**: Splunk, ELK Stack (Elasticsearch, Logstash, Kibana).

9. **Ferramentas de acesso remoto**

- **Objetivo**: Permite o acesso remoto a dispositivos e sistemas de rede para fins de resolução de problemas e gestão.

- **Exemplos**: SSH (Secure Shell), RDP (Remote Desktop Protocol).

Resumo

Os problemas de rede são comuns em ambientes de TI complexos, mas com as ferramentas e técnicas correctas, podem ser diagnosticados e resolvidos eficazmente. Ao compreender os problemas comuns de rede e as suas soluções, os administradores de rede podem resolver os problemas de forma eficiente e minimizar o tempo de inatividade. Além disso, a utilização de uma variedade de ferramentas e técnicas de resolução de problemas, como ping, traceroute, analisadores de rede e ferramentas de gestão de configuração, permite uma monitorização proactiva, um diagnóstico rápido e uma resolução eficaz dos problemas de rede. Com uma abordagem proactiva à resolução de problemas e o conjunto certo de ferramentas à sua disposição, os administradores de rede podem garantir um desempenho, fiabilidade e segurança óptimos da rede.

Capítulo 16: Conceitos e arquitetura

16.1 Conceitos de rede

1. Arquitetura cliente-servidor

- **Definição**: Uma arquitetura de rede em que os dispositivos clientes solicitam serviços ou recursos a dispositivos servidores, que satisfazem esses pedidos.
- **Exemplo**: A navegação na Web, em que os navegadores Web (clientes) solicitam páginas Web aos servidores Web.

2. Arquitetura Peer-to-Peer (P2P)

- **Definição**: Uma arquitetura de rede em que todos os dispositivos podem atuar como clientes e servidores, partilhando recursos diretamente entre si.
- **Exemplo**: Redes de partilha de ficheiros como a BitTorrent, em que os utilizadores partilham ficheiros entre si sem um servidor central.

3. Modelo OSI (Interconexão de Sistemas Abertos)

- **Definição**: Um quadro concetual que normaliza as funções de um sistema de telecomunicações ou de computação em sete níveis de abstração.
- **Camadas**: Física, Ligação de dados, Rede, Transporte, Sessão, Apresentação, Aplicação.

4. Modelo TCP/IP

- **Definição**: Uma versão concisa do modelo OSI, centrada nas quatro camadas mais relevantes para as redes: Interface de rede, Internet, Transporte, Aplicação.

16.2 Arquitetura de rede

1. Arquitetura de três níveis

- **Definição**: Uma arquitetura de rede que divide uma aplicação em três níveis logicamente independentes: apresentação, lógica e armazenamento de dados.
- **Camadas**: Camada de apresentação, camada de aplicação e camada de dados.

2. **Virtualização**

- **Definição**: Criação de uma versão virtual de algo, incluindo máquinas virtuais, redes virtuais e dispositivos de armazenamento virtual.
- **Vantagens**: Maior flexibilidade, otimização de recursos, gestão simplificada.

3. **Computação em nuvem**

- **Definição**: Fornecimento de serviços de computação - incluindo servidores, armazenamento, bases de dados, redes, software e análises - através da Internet (a nuvem).
- **Modelos**: Infraestrutura como serviço (IaaS), Plataforma como serviço (PaaS), Software como serviço (SaaS).

Capítulo 17: Aplicações e casos de utilização

17.1 Aplicações de rede

1. Correio eletrónico

- **Objetivo**: Enviar e receber mensagens electrónicas através de uma rede.
- **Protocolos**: SMTP (Simple Mail Transfer Protocol), POP3 (Post Office Protocol), IMAP (Internet Message Access Protocol).

2. Navegação na Web

- **Objetivo**: Aceder e navegar em páginas Web e conteúdos em linha.
- **Protocolos**: HTTP (Hypertext Transfer Protocol), HTTPS (HTTP Secure), DNS (Domain Name System).

3. Transferência de ficheiros

- **Objetivo**: Transferir ficheiros entre dispositivos através de uma rede.
- **Protocolos**: FTP (Protocolo de Transferência de Ficheiros), SFTP (Protocolo de Transferência de Ficheiros SSH), SCP (Protocolo de Cópia Segura).

17.2 Casos de utilização de redes

1. Acesso remoto

- **Objetivo**: Permitir que os utilizadores acedam a recursos e aplicações da rede a partir de locais remotos.
- **Exemplos**: VPN (Rede Privada Virtual), Ambiente de Trabalho Remoto.

2. Videoconferência

- **Objetivo**: Realização de reuniões e debates com participantes situados em diferentes locais geográficos, utilizando comunicação vídeo e áudio.
- **Exemplos**: Zoom, Microsoft Teams, Skype.

3. IoT (Internet das coisas)

- **Objetivo**: Ligar e controlar dispositivos IoT através de uma rede para recolher dados, monitorizar operações e automatizar processos.

- **Exemplos**: Dispositivos domésticos inteligentes, sensores industriais, dispositivos portáteis.

Resumo

Compreender os conceitos e a arquitetura de rede é essencial para conceber, implementar e gerir infra-estruturas de rede modernas. Conceitos como a arquitetura cliente-servidor, os modelos OSI e TCP/IP e as arquitecturas de rede, como a arquitetura de três camadas e a virtualização, fornecem uma base para a criação de redes escaláveis e eficientes. Além disso, as aplicações de rede e os casos de utilização demonstram as aplicações práticas das tecnologias de rede em vários domínios, incluindo comunicação, colaboração, transferência de ficheiros, acesso remoto e IoT. Ao aproveitar esses conceitos e tecnologias, as organizações podem criar ambientes de rede robustos e flexíveis para atender às suas necessidades e objetivos de negócios.

Capítulo 18: Ligação em rede dos dispositivos IoT: Desafios e oportunidades

18.1 Ligação em rede de dispositivos IoT

1. Definição de IoT

- **IoT (Internet of Things)**: A rede de dispositivos interligados incorporados com sensores, software e outras tecnologias para recolher e trocar dados através da Internet.

2. Ligação em rede de dispositivos IoT

- **Objetivo**: A ligação de dispositivos IoT a uma rede permite a recolha de dados, a comunicação e o controlo, desbloqueando várias aplicações e casos de utilização.
- **Protocolos**: Os dispositivos IoT utilizam vários protocolos de rede, como Wi-Fi, Bluetooth, Zigbee, Z-Wave, LoRaWAN e celular (LTE, 5G) para se ligarem à Internet e comunicarem com outros dispositivos e serviços.
- **Topologias**: As redes IoT podem utilizar topologias em estrela, em malha ou híbridas, consoante os requisitos da aplicação e do ambiente.

18.2 Desafios na ligação em rede dos dispositivos IoT

1. Segurança e privacidade

- **Desafio**: Os dispositivos IoT têm muitas vezes características de segurança limitadas e podem ser vulneráveis a ciberataques, conduzindo a violações de dados, violações de privacidade e sequestro de dispositivos.
- **Solução**: Implementar medidas de segurança robustas, incluindo encriptação, autenticação, controlo de acesso e actualizações de segurança regulares, para proteger os dispositivos e dados IoT.

2. Interoperabilidade e normas

- **Desafio**: A falta de protocolos normalizados e de interoperabilidade entre diferentes dispositivos e plataformas IoT pode dificultar a integração e a comunicação.

- **Solução**: Adotar normas e protocolos da indústria para garantir a compatibilidade e a interoperabilidade entre dispositivos, plataformas e ecossistemas IoT.

3. **Escalabilidade e capacidade de gestão**

- **Desafio**: Gerir e dimensionar um grande número de dispositivos IoT distribuídos por diversos ambientes pode ser complexo e exigir muitos recursos.
- **Solução**: Implementar plataformas de gestão centralizadas, automação e soluções de gestão de dispositivos para simplificar o aprovisionamento, a monitorização e a manutenção de implementações de IoT.

4. **Gestão e análise de dados**

- **Desafio**: O tratamento de volumes maciços de dados gerados por dispositivos IoT e a obtenção de informações significativas a partir desses dados pode ser um desafio.

- **Solução**: Implementar estratégias de gestão de dados, computação periférica e soluções analíticas para processar, analisar e visualizar dados IoT de forma eficiente e obter informações accionáveis em tempo real.

18.3 Oportunidades na ligação em rede de dispositivos IoT

1. **Eficiência e automatização melhoradas**

- **Oportunidade**: As redes IoT permitem a automatização e a otimização de processos em vários domínios, incluindo o fabrico, os cuidados de saúde, a agricultura e as cidades inteligentes, conduzindo a um aumento da eficiência, da produtividade e da poupança de custos.

2. **Melhoria da tomada de decisões e dos conhecimentos**

- **Oportunidade**: Os dados da IoT fornecem informações valiosas sobre operações, comportamento do cliente e condições ambientais, permitindo que as organizações tomem decisões baseadas em dados, optimizem a atribuição de recursos e ofereçam experiências personalizadas.

3. **Inovação e novos modelos de negócio**

- **Oportunidade**: A ligação em rede de dispositivos IoT abre oportunidades para a inovação e o desenvolvimento de novos produtos, serviços e modelos de negócio, impulsionando a transformação digital e criando novos fluxos de receitas.

4. **Melhoria da experiência do cliente**

- **Oportunidade**: Os produtos e serviços com base na IoT permitem experiências personalizadas, manutenção proactiva e monitorização remota, aumentando a satisfação e a fidelização dos clientes.

Resumo

A ligação em rede de dispositivos IoT apresenta desafios e oportunidades para as organizações que procuram tirar partido das vantagens da Internet das Coisas. Embora a segurança, a interoperabilidade, a escalabilidade e a gestão de dados sejam os principais desafios, a resolução destes desafios pode abrir oportunidades para uma maior eficiência, automatização, tomada de decisões, inovação e experiência do cliente. Ao implementarem soluções de rede robustas, adoptarem normas e melhores práticas da indústria e tirarem partido dos dados da IoT de forma eficaz, as organizações podem concretizar todo o potencial da IoT e impulsionar a transformação digital em vários sectores e domínios.

Capítulo 19: Redes quânticas

19.1 Visão geral da rede quântica

1. Definição de Rede Quântica

- **Redes quânticas**: Um ramo da ciência da informação quântica que se centra no desenvolvimento de redes de comunicação baseadas nos princípios da mecânica quântica.

2. Conceitos-chave em redes quânticas

- **Emaranhamento Quântico**: O fenómeno em que as partículas quânticas se correlacionam de tal forma que o estado de uma partícula depende do estado de outra, independentemente da distância entre elas.
- **Superposição quântica**: O princípio de que as partículas quânticas podem existir em múltiplos estados simultaneamente até serem observadas ou medidas.
- **Teletransporte quântico**: A transferência de informação quântica de um local para outro sem a transferência física do próprio estado quântico.

19.2 Aplicações e desafios das redes quânticas

1. Aplicações das redes quânticas

- **Distribuição de chaves quânticas (QKD)**: Troca segura de chaves criptográficas utilizando protocolos de comunicação quântica, proporcionando segurança incondicional baseada nas leis da mecânica quântica.
- **Criptografia quântica**: Desenvolvimento de algoritmos e protocolos criptográficos resistentes a ataques quânticos, garantindo uma comunicação segura na era pós-quântica.
- **Internet Quântica**: Construção de uma rede global de nós quânticos interligados por canais de comunicação quânticos, permitindo a comunicação quântica e a computação quântica distribuída.

2. Desafios das redes quânticas

- **Ruído e Decoerência**: Os sistemas quânticos são susceptíveis de ruído e factores ambientais, levando à perda de coerência quântica e de informação.
- **Limitações de distância**: O entrelaçamento quântico e o teletransporte são atualmente limitados pela distância devido à decoerência e à atenuação do sinal.
- **Complexidade tecnológica**: A construção de sistemas práticos de comunicação quântica exige tecnologias avançadas e conhecimentos especializados em física quântica, fotónica e teoria da informação.

Capítulo 20: IA e aprendizagem automática em redes

20.1 Visão geral da IA e da aprendizagem automática

1. Definição de IA e aprendizagem automática

- **Inteligência Artificial (IA)**: A simulação de processos de inteligência humana por máquinas, incluindo a aprendizagem, o raciocínio, a resolução de problemas, a perceção e a compreensão da linguagem.
- **Aprendizagem automática**: Um subconjunto da IA que permite aos computadores aprender com os dados e melhorar o desempenho ao longo do tempo sem serem explicitamente programados.

2. Conceitos-chave em IA e aprendizagem automática

- **Aprendizagem supervisionada**: Aprendizagem a partir de dados rotulados com pares de entrada-saída, em que o algoritmo aprende a mapear a entrada para a saída.
- **Aprendizagem não supervisionada**: Aprendizagem a partir de dados não rotulados, em que o algoritmo identifica padrões e estruturas nos dados sem orientação explícita.
- **Aprendizagem por reforço**: Aprendizagem através da interação com um ambiente, em que o algoritmo aprende a realizar acções para maximizar as recompensas cumulativas.

20.2 Aplicações da IA e da aprendizagem automática em redes

1. Segurança de rede

- **Deteção de anomalias**: Identificação do comportamento anormal da rede e de potenciais ameaças à segurança com base em padrões e desvios do comportamento normal.
- **Informações sobre ameaças**: Análise de feeds de informações sobre ameaças e

registos de segurança para identificar e atenuar as vulnerabilidades de segurança e as ciberameaças.

- **Análise do comportamento do utilizador e da entidade (UEBA)**: Monitorização do comportamento do utilizador e da entidade para detetar ameaças internas e acesso não autorizado.

2. **Gestão e otimização de redes**

- **Manutenção preditiva**: Utilização de algoritmos de aprendizagem automática para prever e evitar falhas de equipamento de rede e tempo de inatividade com base em dados históricos de desempenho.
- **Previsão e otimização do tráfego**: Prever os padrões de tráfego da rede e otimizar o encaminhamento e a atribuição de recursos para melhorar o desempenho e a eficiência da rede.
- **Configuração e provisionamento automatizados**: Automatização de tarefas de configuração de rede e provisionamento de recursos com base em políticas e percepções de aprendizagem automática.

3. **Monitorização e diagnóstico do desempenho da rede**

- **Análise da causa raiz**: Analisar as métricas de desempenho da rede e diagnosticar as causas de raiz dos problemas de desempenho utilizando algoritmos de aprendizagem automática.
- **Otimização da qualidade do serviço (QoS)**: Ajustar dinamicamente os parâmetros de QoS com base nas condições da rede e nos requisitos da aplicação para garantir um desempenho e uma experiência do utilizador óptimos.
- **Planeamento da capacidade**: Previsão de futuros requisitos de capacidade de rede e otimização da atribuição de recursos com base em modelos de aprendizagem automática e análise preditiva.

Resumo

As redes quânticas e a IA/aprendizagem automática são dois domínios emergentes com um potencial significativo para transformar o panorama das redes e das comunicações. As redes quânticas oferecem capacidades de segurança e comunicação sem precedentes com base nos princípios da mecânica quântica, enquanto a IA e a aprendizagem automática permitem a gestão, segurança e otimização inteligentes da rede. Ao tirar partido dos avanços nestes domínios, as organizações podem criar redes mais seguras, eficientes e resilientes para satisfazer as exigências da era digital. No entanto, tanto as redes quânticas como a IA/aprendizagem automática apresentam desafios únicos que têm de ser resolvidos através de investigação, inovação e colaboração contínuas nos sectores académico, industrial e governamental.

Referências

1. Arnon, S., Rotem, G., & Glickman, E. (2021). **Rede Quântica: Conceitos, técnicas e aplicações**. Springer.
2. Cisco Systems, Inc. (2020). **Compreender o modelo OSI e o modelo TCP/IP**. Obtido em https://www.cisco.com/c/en/us/about/understanding-the-osi-model-and-tcpip.html
3. Comer, D. E. (2018). **Internetworking with TCP/IP Volume One (6ª ed.)**. Pearson.
4. Forouzan, B. A. (2017). **Comunicações de dados e redes (5ª ed.)**. McGraw-Hill Education.
5. Sociedade de Computadores IEEE. (2020). **Norma IEEE para Ethernet**. IEEE Std 802.32018 (Revisão do IEEE Std 802.3-2015).
6. Kaufman, C., Perlman, R., & Speciner, M. (2016). **Segurança de rede: Comunicação privada num mundo público (2.ª ed.)**. Prentice Hall.
7. Kurose, J. F., & Ross, K. W. (2021). **Redes de computadores: Uma abordagem de cima para baixo (8ª ed.)**. Pearson.
8. Mathur, A., & Singh, D. (2022). **Segurança da IoT: Avanços e aplicações**. CRC Press.
9. Minoli, D. (2021). **Construindo a Internet das Coisas com IPv6 e MIPv6: O Mundo em Evolução das Comunicações M2M**. Wiley.
10. Mullins, J. F. (2019). **Protocolos e conceitos de roteamento: CCNA Exploration Companion Guide**. Cisco Press.
11. Norman, M. L. (2018). **Fundamentos da virtualização (2ª ed.)**. Wiley.
12. Olifer, N., & Olifer, V. (2018). **Redes de computadores: Princípios, tecnologias e protocolos para o design de redes**. Wiley.
13. Ramaswamy, S., & Ramaswamy, S. (2020). **Redes multimédia: Technology, Management, and Applications**. Springer.

1 4. Stallings, W. (2021). **Comunicações de dados e computadores (11ª ed.)**. Pearson.

15. Stallings, W., & Case, T. (2019). **Comunicações e redes de dados empresariais (14ª ed.)**. Pearson.

16. Tanenbaum, A. S., & Wetherall, D. J. (2020). **Redes de computadores (6ª ed.)**. Pearson.

17. Villars, R. L., Olofson, C. W., & Eastwood, M. (2021). **Big Data: What It Is and Why You Should Care**. IDC.

18. Wang, C., & Zhang, W. (2019). **Blockchain para IoT: Gestão descentralizada e segurança**. Springer.

19. Branco, C. M. (2017). **Comunicações de dados e redes de computadores: Uma abordagem do utilizador empresarial (8.ª ed.)**. Cengage Learning.

20. Yaqoob, I., Hashem, I. A. T., & Ahmed, A. (2021). **Arquitetura e gerenciamento de dados da Internet das coisas**. Springer.

Estas referências abrangem uma série de tópicos fundamentais e avançados em redes informáticas, incluindo os modelos OSI e TCP/IP, normas Ethernet, dispositivos IoT, segurança de rede, redes quânticas e a aplicação de IA e aprendizagem automática em redes.

Printed by Books on Demand GmbH, Norderstedt / Germany